KB247823

theme study

일본어 파이널점프

FINAL JUMP

著者　阿部祐子 · 亀田美保 · 桑原直子 · 田口典子
　　　長田龍典 · 古屋 淳 · 松田浩志

일본어 으뜸

(주)시사일본어사
book.japansisa.com

★ 본 교재를 공부하기 전에 ★

〈일본어 파이널 점프〉는 〈일본어 상급점프 Reading〉의 한 단계 업그레이드 된 버전으로, 〈일본어 상급점프 Reading〉을 통해서 실력을 키운 일본어를 토대로 본 책을 통해 좀 더 보완적인 연습을 함으로써 일본어 실력을 증가하는 것을 목적으로 한 교재이다.

본 교재는 종래의 독해나 청해 교재의 형식에서 탈피하여 보다 새롭게 접근함과 동시에 〈일본어 상급점프 Reading〉에서 다루었던 테마와의 연결을 통해 생소함이 아닌 친근함으로 다가가려는 시도를 한 것에 주안점을 두고 있다.

〈일본어 상급점프 Reading〉을 공부한 분들과 새롭게 본 교재를 학습하는 분들을 위한 지침으로서 아래의 주요한 특징을 살펴보자.

1. 각 과의 처음에 등장하는 聞いてみよう는 A, B 두 부분으로 나누어 청해 연습을 할 수 있도록 하였다. A는 시험이나 실생활에서 주로 쓰이는 중요표현 연습, B는 다소 긴 회화문장의 청해연습이다. 각 과마다 새로운 문장과 표현을 익힐 수 있도록 하였으며. 요점들을 메모를 해 가면서 들을 수 있는 연습 문제를 통해 회화의 이해도를 스스로 측정할 수 있도록 하였다.

2. 読んでみよう는 독해 연습 부분이다. 각 과마다 독해 본문에 나오는 새로운 단어를 다섯 가지로 정해서 가능한 한 〈일본어 상급점프 Reading〉에서 배운 어휘나 표현에서 크게 벗어나지 않도록 하였으며, 기존에 배웠던 항목들을 확인하여 빠르고 정확하게 읽고 이해하는 연습이 가능하도록 했다. 또 전체 구성을 파악하면서 읽는 힘을 기르기 위해 각 단락의 기능을 확인하는 연습을 덧붙였다.

3. 表現を磨こう는 상급레벨의 중요 어휘(품사별)와 표현을 정확하게 이해하는 것을 목표로 연습할 수 있도록 하였다.

4. 言葉を増やそう는 다양한 복합 동사, 접속사, 관용어 등의 연습을 통해서 학습자 스스로가 어휘 항목을 정리하고 이해할 수 있는 것을 목표로 하고 있다.

〈일본어 파이널 점프〉는 1995년 이래, 많은 일본어 교육 현장에 계신 수많은 분들의 조언과 지도 편달을 받아 최대한 그 귀중한 의견을 수렴할 수 있도록 노력하였다.

본 교재를 통해서 많은 일본어 교육현장에서 종사하며 일본어 교육에 힘쓰시는 분들에게 조금이나마 도움이 되었으면 하는 바람이다.

저자 일동

★ 목 차 ★

 聞いてみよう

A まず、質問をします。次に、表現に注意して会話を聞いてください。そして、質問に答え、会話の内容について話し合ってみましょう。

1. 〔ホテルの人と客〕

2. 〔友人同士〕

B

1. 次の点について、メモを取りながら、**CD** を聞いてください。

    （1）　場所

    （2）　話している人

    （3）　何を見ながら話している？

    （4）　誰の話をしている？

    （5）　話の結果は？

2. 次の質問に答えてください。

  （1）（　　　　）　（2）（　　　　）　（3）（　　　　）　（4）（　　　　）　（5）（　　　　）

3. 自分の書いたメモを見ながら、百字程度で会話の内容をまとめてください。

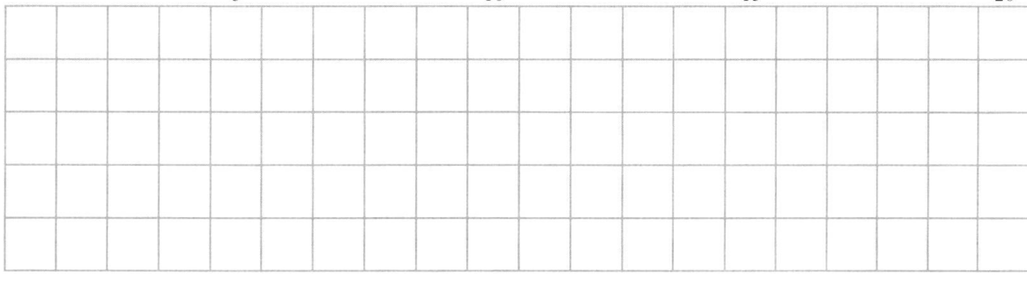

次の文を読んで、後の質問に答えてください。

小学校教育へのユニークな取り組み（1）
―「猫の目クラス」からのレポート―

Ｓ小学校「猫の目クラス」研究会

はじめに

　Ｓ小学校では、二〇〇五年から、体に障害を持つ人たちを理解する教育の一環として、年に一回車いすに乗って町の様子を見たり、両方の目を隠して学校の中を歩いたりという体験をさせてきた。体験が終わると、町がいつもとどのように違って見えたか、視覚障害者にとって何が必要なのかなどについて話し合う授業が持たれる。ある年、三年生のこの授業で、「先生、犬や猫には、もっと違う世界が見えるんですか」と質問した生徒がいた。a. その質問をきっかけに始まったのが、現在「猫の目クラス」と呼ぶ A. ユニークな取り組みである。

　初めは、三年生の限られたクラスで続けられていた取り組みであったが、続けていくうちに、生徒にとっても教える側にとっても思いがけない形で進むことになった。その結果、「猫の目クラス」は、今では、Ｓ小学校挙げての取り組みへと発展している。

　「猫の目クラス」の取り組みが始められて、既に六年になる。「立場を変え、見方を変えて考えてみよう」を目標に始まったこの取り組みは、国際理解教育などへの導入としても大きな役割を果たすと考えられる。以下に「猫の目クラス」への取り組みがどのように発展してきたかを、授業内容の一部を交えながらレポートの形で述べる。

1.「猫の目クラス」の発展

　1)「猫の目」から B.「猫の地図」へ

　三年生のクラスで始まった「猫の目クラス」は、生徒が猫になることから始まった。猫には人間がどう見えるか。車や高い建物はどうか。そうして始まった「猫の目クラス」は、一人の生徒が出した猫の生活を記録しようというアイディアを取り上げて思いがけない形で進むことになった。

　生徒はいくつかのグループに分けられ記録を続け、b. その結果が発表された。

　「猫さんの生活地図」という発表では、黒板に一枚の地図が張られた。このグループは、自分たちも猫になって一匹の猫の後をついていった。自分たちの入れないような細い道に入ったときには、グループのメンバーが手分けして、猫の出てきそうな所で待っていて、記録を続けたという。その結果が猫の動きを詳しく描いた地図で、「猫は人間の通れない所を通るし、人間の興味を持たない所に興味を持つ。猫のおかげで、これまで知らなかったいろいろなことを知ることができた」と、多くの発見に驚いたことが述べられた。また、生徒と家で暮らす三匹の猫の毎日を記録して、「猫の悲しみ」というテーマで猫から人間へのお願いを述べたグループもあった。その他、グループの発表はいずれもユニークなもので、目からうろこが落ちるような驚きや発見があったことが共通して述べられた。

　こうして生徒がC.猫の目を借りて町を見る試みから、「猫の目クラス」と名前が付けられた取り組みは、思いがけない発展を見せ、時には鳥や魚、植物になって物事を考える取り組みへと進んでいった。様々な立場から物事を見つめることがいかに重要であるか、生徒が自らの体験を通して学ぶというユニークな教育方法となった。

　2）小学校全体での取り組み
　三年生の「猫の目クラス」は、教える側にとっても全く D.目からうろこの展開であり、その状況がＳ校教師研修会の席で発表された。また、三年生以外を教える先生たちが実際に三年生の「猫の目クラス」を見た結果、同じような授業を生徒の力に合わせたテーマで、一年生から六年生までＳ校全体で持とうということが決められた。c.それと同時に、「『猫の目クラス』研究会」（以下、「研究会」と呼ぶ）が作られた。

　このように、学校全体で「猫の目クラス」に取り組むことになったのには、大きく二つの理由があったと考えられる。その一つは、発見や驚きを求めて生徒たちが生き生きと授業にかかわるという点であり、二つ目は、後に詳しく述べる国際理解教育などへの導入教育としての大きな役割が可能であるという点である。

　こうして各学年で始められた「猫の目クラス」は、「赤ちゃんから見たお母さん」「鳥が見たＳ小学校」など様々なテーマが取り上げられ、「立場を変え、見方を変えて」見る目を育てることになった。d.その点について、以下で詳しく述べる。

（第12課本文に続く）

🌱 **新しい言葉**

一環	ある物事の一部分という意味
両方	二つの物や事を一緒にいう言葉
メンバー	グループで同じ活動をする仲間
手分けする	一つの仕事を分けてする
興味	何かに対して、面白いという気持ちを持つこと

1. 上の文を理解するために、＿＿＿に言葉や文を書いてください。

はじめに［←レポート全体の流れを紹介する］

　1．　①　年から　②　を目的に、　③　させてきた。

　2．　④　がきっかけで、現在の「猫の目クラス」が始まった。

　3．　初めは、　⑤　だったが、今では　⑥　になった。

　4．　始まって　⑦　年になる。　⑧　として大きな役割を果たすと考えられている。

「猫の目クラス」の発展［←「はじめに」で紹介した点の詳しい説明］

1）「猫の目」から「猫の地図」へ

　1．　三年生のクラスで生徒が　⑨　ことから始まった。

　2．　生徒は　⑩　て、その結果を　⑪　。

　3．　いろいろな発表があったが、どの発表にも共通して　⑫　があった。

　4．　生徒の発表は　⑬　発展を見せ、　⑭　取り組みへと発展していった。

2）小学校全体での取り組み

　1．　上のような結果が　⑮　発表され、　⑯　が決められた。

　2．　その理由は：

　　1）生徒が　⑰　。

　　2）　⑱　役割が可能である。

①　＿＿＿＿＿＿＿＿＿＿＿＿＿＿＿＿＿＿＿＿＿＿＿＿＿＿

②　＿＿＿＿＿＿＿＿＿＿＿＿＿＿＿＿＿＿＿＿＿＿＿＿＿＿

③　＿＿＿＿＿＿＿＿＿＿＿＿＿＿＿＿＿＿＿＿＿＿＿＿＿＿

④　＿＿＿＿＿＿＿＿＿＿＿＿＿＿＿＿＿＿＿＿＿＿＿＿＿＿

⑤　＿＿＿＿＿＿＿＿＿＿＿＿＿＿＿＿＿＿＿＿＿＿＿＿＿＿

⑥ ____
⑦ ____
⑧ ____
⑨ ____
⑩ ____
⑪ ____
⑫ ____
⑬ ____
⑭ ____
⑮ ____
⑯ ____
⑰ ____
⑱ ____

2. ＿＿＿＿＿＿を引いた **a〜d** について答えてください。

a. 「その質問」はどんな質問ですか。

____

b. 「その結果」とはどんな結果のことですか。

____

c. 「それ」は何のことですか。

____

d. 「その点」とはどんな点のことですか。

____

3. ＿＿＿＿＿＿を引いた **A〜D** について答えてください。

A. 「ユニークな取り組み」とはどんなところがユニークなのですか。

____

B. 「猫の地図」とはどんな物ですか。

____

C. 「猫の目を借りる」とはどういうことですか。

____

D. どうして「目からうろこ」なのですか。

____

4.　この文を書いた人が一番言いたいことは何ですか。次の中から選んでください。

　　a.　物の見方を変えてみると、いろいろな驚きや発見がある。

　　b.　物の見方を変えるには猫の目クラスこそが必要だ。

　　c.　人間社会を知るには、猫の目を通して見た方がよい。

　　d.　猫は物の見方を変えることを教えてくれる。

I. 【動詞と助詞】　下から適切な動詞を選んで、必要に応じて形を変え、例のように
文を作ってください。（　　　）には、「は」以外の助詞が入ります。

〔思い込む　重なる　競う　左右する　失敗する　代表する　散る〕

例：テストは今週の金曜日だ（　と　）思い込んでいたが、来週の金曜日だと聞いて、
ホッとした。

① 日本全国の料理人たち（　　　）腕（　　　　）＿＿＿＿＿「天才料理人大会」
が開かれた。

② インターネットが込んでいて、アクセス（　　　　）＿＿＿＿＿＿。

③ 大学の試験の日（　　　）卒業式（　　　　）＿＿＿＿＿しまって、とても残念
です。

④ 中学時代の先生との出会いは、私にとって人生（　　　　）＿＿＿＿＿ような
大きな出来事でした。

⑤ 卒業生（　　　　）＿＿＿＿＿、チンさんがあいさつをしました。

⑥ 週末は雨だそうだから、桜（　　　）＿＿＿＿＿前に、見に行きましょう。

II. 【副詞】　下から適切な言葉を選んで、意味のある文を作ってください。

〔あいにく　あくまでも　うんざり　既に　正に〕

① 毎日雨が続いて、（　　　　　　）します。

② （　　　　　　　）の雨で、野球の試合はできなくなった。

③ この家の庭は、（　　　　　）「猫の額」だ。

④ 留学ビザは（　　　　　）取ってあるので、後は飛行機の予約をするだけだ。

⑤ 外国からの米の輸入には（　　　　　　）反対するつもりだ。

III. 【新しい言葉と表現】　適切な言葉や表現を選んでください。

① お金（　　　）あれば、幸せになれると考えるのは間違いだ。
　　a. さえ　　　　　　b. すら　　　　　　c. でも　　　　　　d. も

② 高校時代に友達と初めて旅行に行ったときの（　　　　）をお話します。
　　a. エピソード　　b. テーマ　　　　c. メッセージ　　　d. ロマン

③ 突然雨が降り（　　　）ので、コンビニでかさを買った。
　　a. かけた　　　　b. 続いた　　　　　c. 出した　　　　　d. やんだ

④　大学の卒業式に両親が（　　　　）してくれた。

　　a. 出場　　　　　　　　b. 出席　　　　　　　　c. 出張　　　　　　　　d. 出発

⑤　このテレビは色が（　　　　）で、美しい。

　　a. 新鮮　　　　　　　　b. 鮮明　　　　　　　　c. 発明　　　　　　　　d. 表明

⑥　このベッドはボタンを押すだけで、（　　　　）上げたり、下げたりできます。

　　a. 簡単に　　　　　　　b. 事もなげに　　　　　c. やさしく　　　　　　d. よく

⑦　あの人の話はいつも大切な点が（　　　　）いる。

　　a. 当たって　　　　　　b. ずれて　　　　　　　c. 外して　　　　　　　d. 離れて

⑧　パーティーが嫌いなあの人が参加するなんて、（　　　　）。

　　a. 意外だ　　　　　　　b. 逆だ　　　　　　　　c. 楽しい　　　　　　　d. だめだ

⑨　正しいかどうか（　　　　）、私は父に教えられた通りに自分の子供も厳しく育
　　てるつもりだ。

　　a. といえば　　　　　　b. といっても　　　　　c. はともかくとして
　　d. もさることながら

⑩　日曜日といっても、どこへも行く所がないので、ただうちでテレビを見る
　　（　　　　）。

　　a. だけだ　　　　　　　b. はずだ　　　　　　　c. ほどだ　　　　　　　d. わけだ

IV.【大切な表現】　下から適切な表現を選んで、意味のある文を作ってください。

〔〜といったら　〜ならでは　〜には当たらない　〜もさることながら〕

①　この店の客は料理の味（　　　　　　　　）、おやじさんの冗談を聞くために集ま
　　るようなものだ。

②　女性の外見をほめるだけなら、セクハラ（　　　　　　　　）が、場合によっては
　　注意が必要だ。

③　外国で結婚式に出席すると、その国（　　　　　　　　）の歌やおどりが見られる。

④　山に囲まれたその村の美しさ（　　　　　　　　）、とても言葉にできない。

V.【ない・ず・ぬ・ん】　与えられた動詞を適切な形に変えて、文を作ってください。

①　声をかけたのに、田中さんは＿＿＿＿＿＿＿＿顔で向こうへ行ってしまった。〔知る〕

②　明日までにこの本を＿＿＿＿＿＿＿＿ならない。〔読む〕

③　昨日は宿題を＿＿＿＿＿＿＿＿に寝てしまった。〔する〕

④　朝から忙しくて、今日はお昼御飯を＿＿＿＿＿＿＿＿じまいだった。〔食べる〕

⑤　街角で突然＿＿＿＿＿＿＿＿人に呼び止められた。〔見知る〕

I.

A. 「〜つく」をまとめてみましょう。

① 考えつく、思いつく──ある考えが頭の中に出てくること。
　　・何か新しいことを思いついたときは、忘れないように書いておく方がいい。

② 追いつく、かみつく、組みつく──相手に向かって自分の意思で何かをすること。
　　・ドアを開けると、犬が喜んで私に（　　　　　　　　）てきた。

③ 引っつく、結びつく──物がある状態のままずっとそこにあること。
　　・汗でシャツが背中に（　　　　　　　　）て、気持ちが悪い。

II.

A. 最 [さい] で始まる言葉を作ってみましょう。

最大　　⇒　最＿＿＿＿＿　　　　最＿＿＿＿＿　　　　最＿＿＿＿＿
最優秀　⇒　最＿＿＿＿＿　　　　最＿＿＿＿＿　　　　最＿＿＿＿＿

B. 大 [だい] ／「おお」で始まる言葉を作ってみましょう。

大発見　⇒　大＿＿＿＿＿　　　　大＿＿＿＿＿　　　　大＿＿＿＿＿
大騒ぎ　⇒　大＿＿＿＿＿　　　　大＿＿＿＿＿　　　　大＿＿＿＿＿

C. 上 [じょう] で終わる言葉を作ってみましょう。

① 歴史上 ⇒　＿＿＿＿＿上　　　　＿＿＿＿＿上　　　　＿＿＿＿＿上
② 舞台上 ⇒　＿＿＿＿＿上　　　　＿＿＿＿＿上　　　　＿＿＿＿＿上

III. 身体の部分を使った表現（1）　意味を考えてみましょう。また、このほかにも「心」、「耳」を使った言い方を考えましょう。

　A. 心：心を捕らえる　　　心を打つ　　　　　心を込める
　　　　心が広い　　　　　心が狭い

　B. 耳：耳を傾ける　　　　耳にする　　　　　耳が痛い
　　　　耳が早い　　　　　耳が遠い

第2課

 聞いてみよう

A まず、質問をします。次に、表現に注意して会話を聞いてください。そして、質問に答え、会話の内容について話し合ってみましょう。

1. 〔会社の同僚〕

2. 〔友人同士〕

B

1. 次の点について、メモを取りながら、**CD** を聞いてください。

（1）　場所

（2）　話している人

（3）　何について話している？

（4）　男の人の考え

（5）　女の人の考え

2. 次の質問に答えてください。

（1）（　　　　）　（2）（　　　　）　（3）（　　　　）　（4）（　　　　）　（5）（　　　　）

3. 自分のメモを見ながら、百五十〜二百字くらいで会話の内容をまとめてください。

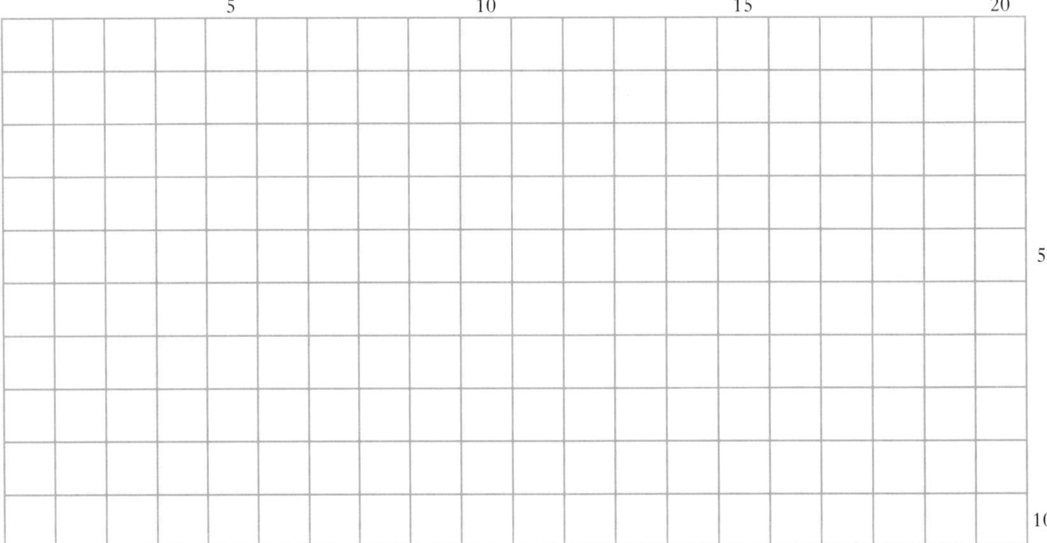

次の文を読んで、後の質問に答えてください。

次は、下へ向かいます！

藤本： 今朝の「これからを考える」の時間は、生活空間としての地下利用の可能性についてご一緒に考えてみたいと思います。お客様には、科学的な作品をたくさんお書きになっている井上博之さんをお招きしています。ご存知の方も多いと思いますが、昨年発表されたA.『砂漠の大都市』という地下に作られた未来都市を舞台にした作品で、日本科学小説賞を受賞されました。井上さんの才能と豊富な知識が、我々を未来の地下都市へと案内してくれるユニークな作品です。井上さん、おはようございます。お話をお聞きする前に、まずは受賞おめでとうございます。

井上： どうもありがとうございます。

藤本： さて、早速ですが、今日のテーマ、これからの地下利用について、なんですが・・・

井上： 地下というのは、既に現在でも本当にいろいろと利用されていますね。地下鉄や駐車場ばかりではなく、いろいろな目的で、ずいぶん幅広く利用されています。a.その地下を、人間の生活する場所としてもっと利用できないかということは、専門家の間では、ずいぶん前から研究されています。

藤本： そうなんですか。

井上： 昔は、この地震の多い日本では五十階に住むなんて考えられなかったことですが、それが今はどうですか。まるで天にでも向かうように上へ上へと生活空間が広がっている。b.それと同じように、今、下へ下へ向かおうとしているのです。地下にはまだ、B.広大な空間が残されているんですから。

藤本： しかし、私には、井上さんが小説に描かれている地下都市の様子はイメージの世界、実際には可能性のない世界に思われるんですが。

井上： 確かに、小説は、あくまでも小説ですが、作品に取り上げた物の中にも、もう実現が近いと言っていいこともたくさんあります。

藤本： これから、ますます人口が増えていく。新しい人間の生活空間として、地下が利用されれば、人口問題の解決にもつながることになりますね。

井上：　誤解しないでいただきたいのは、私は、人口が増えたから、住む所がなくなってきたから、今と同じ生活を地下でしようと提案しているわけではないということです。私の今度の小説も、今の生活をもっと良くするために、私たちの周りになくても不便に感じない物はすべて地下へと、そういう考えで書いたんですが。

藤本：　なるほどねえ。

井上：　今の私たちの生活空間である地表に、必ずしもなくてもいい物は、全て地下に入れてしまう。

藤本：　そういえば、井上さんの『砂漠の大都市』では、線路も道路もみんな地下で、車や電車がいろんな物に邪魔されず、自由に走り回っていますね。

井上：　車や電車が地下に入ってしまえば、今、私たちが毎日の生活に使っている空間が、もっと広く、生活しやすい場所になるのでは、と思ったんです。

藤本：　井上さんは、事もなげにおっしゃるんですが・・・

井上：　もちろん、実際には、技術的な問題、費用の問題と、解決されなければならないことはたくさんあるんですけれど。

藤本：　ところで、私は一つ C. お尋ねしたいことがあるんですが。それは、地下とは、誰に属するかということです。

井上：　そう、c. これはぜひお話しておかなければならない問題です。私たちが「自分の土地」というとき、それは一体どこまでが自分の物という意味なんでしょうか。自分が所有している土地の上、下をどこまでも自由に使っていいのでしょうか。皆さん、お考えになったことがあるでしょうか。

藤本：　そう言われてみれば、自分が所有する土地の上、下何メートルまでが自分の物かなどという問題を真剣に考えてみたことなどありませんね。

井上：　そうでしょう。d. その点に関しては、今、いろいろな所で調査が続けられていますが、地下について言えば、今のところ、利用されていない地下五十メートルより深い部分を公の目的で利用することが認められています。しかし、今後、さらに技術が進歩し、我々一人ひとりの意識も変化すれば、地下が誰に属するかという問題に対する考え方も、当然変化していくと思いますよ。

藤本：　月へ人間が行く、そんな夢がかなえられたのと同じように、地下空間をもっと使って生活する時代もそう遠くないようです。私が生きている間に実現するのかどうか分かりませんが、怖いような、楽しみなような、私はそんな思いで、井上さんのお話を聞いていました。今朝は大変面白いお話をうかがいました。どうもありがとうございました。

🌱 **新しい言葉**

お招き	「いらっしゃい」という気持ちで人を招待すること
イメージ	頭の中で考える映像や光景
誤解する	意味を間違えて理解する
提案	新しい計画や考え方を他の人に知らせること
所有	何かを持っていること

1.　上の文を理解するために、______に言葉や文を書いてください。

井上博之さんについて［←お客様の紹介をして話のテーマ導入］
　1.　仕事は作家で、去年　①　を書いて、　②　を受賞。
　2.　これは　③　が舞台になっている。

話の内容［←テーマについての現状、これから、問題点を明らかに］
　1.　現在、地下は　④　や　⑤　などに使われている。
　2.　昔は、日本では　⑥　など考えられなかった。それは、　⑦　から。
　3.　今、生活空間が　⑧　のは、　⑨　残されているから。
　4.　しかし、その利用は人口問題の解決ではなく、　⑩　して、今の生活をもっと良くすることが目的。
　5.　地下利用するためには、　⑪　や　⑫　の問題がある。
　6.　現在　⑬　が、地下は誰に　⑭　という問題がある。

藤本さんの思ったこと［←聞いている人を代表して考えたことを伝える］
　　　⑮　もそう遠くないようだが、　⑯　思いで話を聞いた。

　①　＿＿＿＿＿＿＿＿＿＿＿＿＿＿＿＿＿＿＿＿＿＿＿＿＿＿＿＿＿

② ____

③ ____

④ ____

⑤ ____

⑥ ____

⑦ ____

⑧ ____

⑨ ____

⑩ ____

⑪ ____

⑫ ____

⑬ ____

⑭ ____

⑮ ____

⑯ ____

2. ________ を引いた a〜d について答えてください。

a. 「その地下」とはどんな地下のことですか。

b. 「それ」とは何のことですか。

c. 「これ」とは何のことですか。

d. 「その点」とはどんな点のことですか。

3. ________ を引いた A〜C について答えてください。

A. 『砂漠の大都市』はどんな作品ですか。

B. 井上さんは「広大な空間」をどのように利用しようと言うのですか。

C. 井上さんは藤本さんが尋ねたことに対し、どのように答えましたか。

4.　井上さんが一番言いたいことは何ですか。次の中から選んでください。

a.　人口増加の問題を解決するには、地下利用が一番良い方法だ。

b.　住む所がなくなる前に、地下を開発し、広大な生活空間を手に入れるべきだ。

c.　必ずしも地表になくてよい物を地下に入れれば、生活環境が良くなるだろう。

d.　自分の土地の五十メートルより深い所も所有を認めるべきだ。

I. **【動詞と助詞】** 下から適切な動詞を選んで、必要に応じて形を変え、例のように文を作ってください。（　　　）には、「は」以外の助詞が入ります。

〔営む　奪う　交わす　供給する　加える　脱出する　上る　潜む　寄せる〕

例：外国で活躍するスポーツ選手は日本中の人々（　から　）期待（　を　）寄せられている。

① 百歳以上のお年寄りは全国で二万人（　　　）＿＿＿＿＿と言われている。

② 料理（　　　）さとう（　　　）少し＿＿＿＿＿ら、おいしくなった。

③ この会社は、様々な企業（　　　）人材（　　　）＿＿＿＿＿会社です。

④ 宇宙開発の裏（　　　）は人間の欲（　　　）＿＿＿＿＿いる。

⑤ 地震（じしん）で止まったエレベーター（　　　）自分一人で＿＿＿＿＿。

⑥ 両親は田舎で旅館（　　　）＿＿＿＿＿います。

⑦ 私は昨日自転車に乗った男にかばん（　　　）＿＿＿＿＿。

⑧ アパートのとなりに住んでいる人（　　　）はあいさつを＿＿＿＿＿こともない。

II. **【副詞】** 下から適切な言葉を選んで、意味のある文を作ってください。

〔およそ　さっぱり　そう　どうせ　何しろ〕

① （　　　　　　）酒を飲んでいたので、携帯電話をどこでなくしたのか（　　　　　　）思い出せない。

② この会社でいくら頑張っても、（　　　　　　）これ以上の昇進はできないだろう。

③ 地球と月は（　　　　　　）三十八万キロ離れている。

④ 八月とはいえ、今年は（　　　　　　）暑くない。

III. **【新しい言葉と表現】** 適切な言葉や表現を選んでください。

① 日本語が少しでも上手になるようにと、（　　　）努力をしています。
　　a. あらゆる　　　b. いわゆる　　c. すなわち　　d. ほかでもない

② 私よりリチャードさんの方が（　　　）日本語が上手だ。
　　a. かなたに　　　b. はるかに　　　c. 全く　　　　d. まるで

③ 去年始めた店の経営がようやく（　　　）に乗り出した。

　　　a. 恩恵　　　　　　 b. 期待　　　　　　 c. 軌道　　　　　　 d. 実現

④　母の日に感謝の気持ちを（　　　　）、花を送った。

　　　a. 抱いて　　　　　 b. 込めて　　　　　 c. 含んで　　　　　 d. 持って

⑤　あの男は欲が（　　　　）。

　　　a. 重い　　　　　　 b. 高い　　　　　　 c. 強い　　　　　　 d. 深い

⑥　この村に高速道路を作るという話は実現可能なものではなく、政治家の単なる
　　思いつきに（　　　　）。

　　　a. 否めない　　　　 b. 限りない　　　　 c. 過ぎない　　　　 d. とどまらない

⑦　日本人（　　　　）、いろいろな人がいるから、必ずしも時間を守る人ばかりで
　　はない。

　　　a. といった　　　　 b. といったら　　　 c. といっても　　　 d. ときたら

⑧　高木先生のクラスでは三日（　　　　）作文の宿題が出される。

　　　a. おきに　　　　　 b. 限り　　　　　　 c. ずつ　　　　　　 d. たびに

⑨　新しい商品が入り（　　　　）、ご案内の手紙を送らせていただきます。

　　　a. がてら　　　　　 b. 次第　　　　　　 c. つつ　　　　　　 d. ながら

⑩　悩んだ（　　　　）、雪子さんは恋人と結婚することにした。

　　　a. 上で　　　　　　 b. 後で　　　　　　 c. 末に　　　　　　 d. 前に

IV.【大切な表現】　下から適切な表現を選んで、意味のある文を作ってください。

〔～てしょうがない　～といった　～ときたら　～に決まっている　～ものがある〕

①　大阪市は、サンフランシスコ、サンパウロ、ミラノ、上海（　　　　　　　）世
　　界の都市八つと交流をしている。

②　いくら相手が強いといっても、明日はうちのチームが勝つ（　　　　　　　）よ。

③　最近の中国とインドの経済発展には目覚しい（　　　　　　　）。

④　リーさんは授業中の先生の冗談がおかしく（　　　　　　　）らしく、いつまで
　　も笑っている。

⑤　最近の若者（　　　　　　　）、あいさつのし方も知らないらしい。

V.【男性の言葉・女性の言葉】　次の会話を男性が話す言葉、女性が話す言葉で言い
　　換えましょう。親しい人同士の会話ですから、「です」や「ます」を使わずに話
　　してみましょう。

①　（友人同士が学校で）

A：ねえ、ハンさん、サントスさんから何か聞いていませんか。おとといから学校

へ来ていないんですよ。

B：あ、リンダさん。さあ、何も聞いていませんが。あの人のことだから、また写
　真を撮りにでも行ったんじゃありませんか。

A：写真ですか、もうすぐ試験があるのに。

B：ええ、でも、あの人は思いついたら、すぐにでも出かけたくなるんだそうです。

A：へえ、そうですか。じゃあ、何か連絡があったら、知らせてください。ちょっ
　と手伝ってもらいたいことがあるんです。

②　（職場の同僚が昼休みに）

A：田中さん、土曜日、野球の試合を見に行きませんか。

B：野球ですか、いいですね。それで、どことどこの試合ですか。

A：タイガースとジャイアンツの試合ですよ。私はタイガースが大好きなんです。

B：野球といえば、ジャイアンツですよ。今度の試合はジャイアンツが勝つに決まっ
　てます。

A：それはないでしょう。タイガースは最近調子がいいんですよ。

B：じゃあ、どうです。タイガースが負けたら、一杯ごちそうしてくれますか。

A：ええ、いいですよ。ごちそうしようじゃありませんか。でも、ジャイアンツが
　負けたら、田中さんがごちそうするんですよ。

B：もちろんですよ。でも、そんなことはまずありませんから、大丈夫です。

I.

A. 「〜上げる」をまとめてみましょう。

① 持ち上げる、見上げる——上の方へ動かすこと。
  ・来月の初め、人工衛星が（　　　　　　　）られる予定です。

② 築き上げる、育て上げる、仕上げる——十分な状態になるまである事を行うこと。
  ・みんなで力を合わせて、立派な作品を（　　　　　　）。

③ 申し上げる、存じ上げる——敬語の表現
  ・卒業式には、お世話になった先生方に記念の品を（　　　　　　　）。

B. 「〜上がる」をまとめてみましょう。

① 起き上がる、立ち上がる——上の方へ動くこと。
  ・急に大きな音がしたので、みんな（　　　　　　　）て驚いた。

② 出来上がる、仕上がる——十分な状態である物事が終わること。
  ・思ったよりも早く作品が仕上がった。

③ 晴れ上がる、腫れ上がる——もっとも良い状態、または、ひどい状態になること。
  ・社長に大声でしかられて、（　　　　　　　）てしまった。

④ 召し上がる——敬語の表現
  ・温かいうちにどうぞ召し上がってください。

II.

A. 性 [せい] ／ 的 [てき] で終わる言葉を作ってみましょう。

可能性	⇒	＿＿＿性	＿＿＿性	＿＿＿性
科学的	⇒	＿＿＿的	＿＿＿的	＿＿＿的

B. [ら] ／ [たち] ／ 方 [がた] ／ 々で終わる言葉を作ってみましょう。

あいつら	⇒	＿＿＿ら	＿＿＿ら	＿＿＿ら
私たち	⇒	＿＿＿たち	＿＿＿たち	＿＿＿たち
あなた方	⇒	＿＿＿方	＿＿＿方	＿＿＿方
国々	⇒	＿＿＿々	＿＿＿々	＿＿＿々

C. 旧 [きゅう] ／ 前 [ぜん] ／ 元 [もと] で始まる言葉を作ってみましょう。

旧大陸	⇒	旧＿＿＿＿	旧＿＿＿＿	旧＿＿＿＿
前大統領	⇒	前＿＿＿＿	前＿＿＿＿	前＿＿＿＿
元大統領	⇒	元＿＿＿＿	元＿＿＿＿	元＿＿＿＿

III. 身体の部分を使った表現（2）　意味を考えてみましょう。また、このほかにも「目」
を使った言い方を考えましょう。

目：　目からうろこが落ちる　　　　目を見張る　　　　　　　　目にする
　　　目に留まる　　　　　　　　　目に入れても痛くない

第3課

 聞いてみよう

A　まず、質問をします。次に、表現に注意して会話を聞いてください。そして、質問に答え、会話の内容について話し合ってみましょう。

1.　〔会社の同僚〕

2.　〔学生と教師〕

B

1.　次の点について、メモを取りながら、**CD** を聞いてください。

　（1）　話している人

　（2）　何についての話？

　（3）　渡辺さんの心配は？

　（4）　佐藤さんが行っていることは？

　（5）　どうしてそれを始めた？

2.　次の質問に答えてください。

　（1）（　　　　）　（2）（　　　　）　（3）（　　　　）　（4）（　　　　）　（5）（　　　　）

3.　自分のメモを見ながら、百五十〜二百字くらいで会話の内容をまとめてください。

次の文を読んで、後の質問に答えてください。

ビールとアイスキャンデー

　自転車にアイスキャンデーを積んだおじさんが公園にやって来ると、a. そ
れまで汗まみれで走り回っていた子供たちが、一瞬動きを止める。そして今
度は、一斉に自転車に向かって走り出す。ポケットから十円玉（五円玉だっ
たかもしれない）を取り出すと、先を争ってアイスキャンデーを求める。木
陰のベンチに腰を下ろすと、遊びを忘れてアイスキャンデーに夢中になる。
子供たちの大声に満たされていた公園は、しばらくの間静かな時を迎える。

　昭和三十（一九五五）年代初め、一般家庭では電気冷蔵庫など縁のない時代
だった。アイスキャンデーは、姿、形は似ていても、今のアイスクリームな
どとは比べ物にならない物だったが、当時の子供たちにとっては、欠かすこ
とのできない夏のぜいたくであった。

　家に帰ると、風呂に入って汗を流した父親が、浴衣姿でビールを飲んでいる。
仕事から帰ってくる時間に合わせて、母親が近所の酒屋で冷えたビールを買っ
てくる。庭から吹いてくる涼しい風に当たり、おいしそうにビールを飲む父親。
b.その姿に、あんな苦い物のどこがおいしいのだろうと、いつも不思議に思っ
たものだったが、父親にとっては、何よりの夏のぜいたくだったのだろう。

　アイスキャンデーとビール。A. 夏のぜいたくは、いつの間にか季節とかか
わりなく一年中冷蔵庫に入っている品の一つとなった。エアコンの普及に伴っ
て、外がいくら寒くても、アイスクリームを楽しみ、冷えたビールにのどを
鳴らす。外の寒さ暑さとは関係なく好きなときに、自分の食べたい物、飲み
たい物を口にするような生活が、今は、当たり前の時代になった。

　当たり前といえば、昔は考えられなかったことだが、夏にセーターを着る
ことなども、今では誰も驚かない、当たり前のことになってしまっている。
会社の中、電車やバスが、時には寒いと感じるほどに冷えている。家にいる
ときのように、自分の都合に合わせて調節ができればいいのだが、会社や電
車の中などでは、c.そんなわけにはいかない。省エネの掛け声にもかかわらず、
あちらでもこちらでもエアコンが必要以上に使われるようになった。その結果、
夏にもかかわらずどこへ行くのにもセーターが手放せないという人が多い。

　人間は、次々に新たな発明をし、冬の寒さや夏の暑さに大きく影響される

ことのない生活を手に入れた。しかしその一方で、アイスキャンデーのぜいたくや冷たいビールを口にするときの喜びを忘れ、夏のセーターが手放せなくなってしまった。エネルギーを消費し続け、地球を取り返しがつかないほどに汚してきた。

　今の状況を見て、このままエネルギーを使い続ければ、それほど遠くない将来エネルギーは底を突き、我々は今の生活を維持するのさえ困難になるとの予測が出されている。その一方では、d. そんなことは心配しなくても、新しいエネルギー、それも、B. 地球に優しい、環境汚染を心配しなくてもいいエネルギーが、どんどん開発されようとしている。その一部はすでに実用化されてもいる。人間はこれまでだってどんな困難な問題でも、ちゃんとそれを克服してきた。だから、これからのこともそれほど心配することはないという指摘もある。

　夏の日のアイスキャンデーや冷えたビールの思い出をなくすことが、エアコンを使う生活より大切だなどと言うつもりは、少しもない。ただ、今の生活をこのまま続けて、一体、何を求めようとしているのだろうか。どこかで行き詰まることはないだろうかと、ふと考えることがある。今の生活を維持するために、次は何をなくすことになるのだろうか。そう考えると、C. 少し恐ろしい気がする。

🌱 **新しい言葉**

先を争って	誰が一番にできるかを争って（〜する）
ぜいたく	お金や物を必要以上に使うこと
冷える	冷たくなる
調節	ちょうど良くすること
手放せない	他の人にあげられない、必要だ

1.　上の文を理解するために、＿＿＿＿に言葉や文を書いてください。

昭和三十年代の生活 [←今と比べながら、テーマを導入する]

1.　公園で遊んでいた子供たちは　①　が楽しみだった。

2.　今のアイスクリームとは　②　だったが、それでも子供たちには　③　だった。

3.　父親の　④　は、母親が買ってくる　⑤　だった。

今の時代 ［←昔と比べながら、本文テーマを明らかにする］
  1. 今は、　⑥　に関係なく　⑦　。
  2. 今は、　⑧　ても、誰も驚かない。それは　⑨　からだ。

昔と今を比べてみる ［←ここでテーマをさらにはっきりさせる］
  1. 　⑩　結果、　⑪　を忘れてきた。さらに、取り返しがつかないほど　⑫　。
  2. このままだと　⑬　という意見がある。そんなことはない　⑭　という意見もある。

これを書いた人の意見 ［←読んだ人と一緒に問題を考える］
  　⑮　というつもりはない。しかし、　⑯　気もする。

① ____
② ____
③ ____
④ ____
⑤ ____
⑥ ____
⑦ ____
⑧ ____
⑨ ____
⑩ ____
⑪ ____
⑫ ____
⑬ ____
⑭ ____
⑮ ____
⑯ ____

2. ＿＿＿＿＿＿を引いた a〜d について答えてください。

a. 「それまで」とはいつまでのことですか。

____

b. 「その姿」とはどんな姿ですか。

____

c. 「そんなわけ」とはどうすることができないということですか。

____

d. 「そんなこと」とは何のことですか。

____

3. _______________ を引いた **A〜C** について答えてください。

A. どうして「夏のぜいたく」なのですか。

____

B. 「地球に優しい」とはどういうことですか

____

C. 何が「恐ろしい」のですか。

____

4. この文を書いた人が一番言いたいことは何ですか。次の中から選んでください。

a. エアコンの普及が「夏のぜいたく」を変えたのではない。

b. 今の生活をこのまま続けていていいのか、もう一度考えてみる必要がある。

c. エネルギーの使い方を見直さなければ、今後の生活の維持は困難になるだろう。

d. 生活を維持するためには、環境汚染の悪化を止めるべきだ。

I. 【動詞と助詞】 下から適切な動詞を選んで、必要に応じて形を変え、例のように文を完成してください。（　　　）には、「は」以外の助詞が入ります。

〔依存する　上回る　恐れる　完成する　処理する　成功する
　調節する　爆発する　漏れる〕

例：部屋の温度（　を　）決められた温度（　に　）調節する。

① 六十五歳以上のお年寄りの割合は、二割（　　　　）＿＿＿＿＿＿いる。

② 親（　　　　）＿＿＿＿＿、なかなか自立できない若者が増えているそうだ。

③ この橋（　　　　）＿＿＿＿＿には、後五年ぐらいかかるだろう。

④ この大学の研究チームは最近がんの治療に効果のある薬の開発（　　　）

＿＿＿＿＿。

⑤ 失敗（　　　　）＿＿＿＿＿いては何もできない。

⑥ 近くの工場（　　　）ガス（　　　　）＿＿＿＿＿、＿＿＿＿＿。

⑦ 最近はごみ（　　　　）＿＿＿＿＿場所を確保するのが難しくなった。

II. 【動詞】 下から適切な動詞を選んで、必要に応じて形を変え、文を完成してください。

〔維持する　かける　応える　占める　迫る　突く　問う　賄う〕

① 地球規模で現在の繁栄を（　　　　　）ためには、新たなエネルギー源が必要だ。

② 大学へ行くか国へ帰るかの選択を（　　　　　）、悩んでいる。

③ 事故で入院し、仕事ができないので、生活費が底を（　　　　　）。

④ 留学生の中では、アジアの学生が約七割を（　　　　　）。

⑤ 海外向けの需要に（　　　　　）ため、自動車工場は、休まず自動車を作り続けている。

⑥ 子供が欲しいのに産めない人たちが増え、いわゆる「代理出産」の是非を（　　　　　）議論がさかんに行われるようになった。

⑦ 両親が残してくれた財産だけで生活費を（　　　　　）のは大変です。

⑧ 一九七〇年代のアメリカとソビエトの関係の悪化が宇宙開発競争に拍車を（　　　　　）。

Ⅲ.【新しい言葉と表現】　適切な言葉や表現を選んでください。

① 年を取った両親の世話をしないなんて、人間として（　　　　　）だ。
　　a. 最悪　　　　　　　b. 最後　　　　　　　c. 最大　　　　　　　d. 最低

② この島は（　　　　　）が豊かな美しい所です。
　　a. 環境　　　　　　　b. 気候　　　　　　　c. 自然　　　　　　　d. 天然

③ これは寝たきりのお年寄りのために（　　　　　）作られたベッドです。
　　a. 特に　　　　　　　b. 特別に　　　　　　c. 中でも　　　　　　d. 別に

④ 青木さんの趣味は絵を描くことだそうだが、趣味といっても（　　　　　）の
　　腕らしい。
　　a. かなり　　　　　　b. ずいぶん　　　　　c. すっかり　　　　　d. はるか

⑤ 薬のおかげで、熱は（　　　　　）下がった。
　　a. かなり　　　　　　b. 特に　　　　　　　c. はっきり　　　　　d. 全く

⑥ 体重を（　　　　　）ために、毎朝運動をしている。
　　a. 下げる　　　　　　b. 控える　　　　　　c. 引く　　　　　　　d. 減らす

⑦ 経済を発展させるために、エネルギーは（　　　　　）ものだ。
　　a. 限りない　　　　　　　　　　　　b. 切っても切れない
　　c. なくてはならない　　　　　　　　d. 計り知れない

⑧ 家を買いたいが、お金が足りないので、銀行から（　　　　　）。
　　a. 借りざるを得ない　　　　　　　　b. 借りるはずだ
　　c. 借りるべきだ　　　　　　　　　　d. 借りるまい

⑨ 約束を（　　　　　）、守らなければならない。
　　a. した以上　　　　　　　　　　　　b. した上で
　　c. して以来　　　　　　　　　　　　d. してからというもの

⑩ 理由（　　　　　）、試験に遅れたら途中で教室に入ることは認められません。
　　a. かと思うと　　　　　　　　　　　b. はともかくとして
　　c. はもとより　　　　　　　　　　　d. もさることながら

Ⅳ.【大切な表現】　下から適切な表現を選んで、意味のある文を完成してください。

〔〜うが　〜限りだ　〜ねば　〜の上から　〜ばそれまでだ〕

① 新商品の開発を（　　　　　）、我が社は今後業績を伸ばすことが難しくなる。
　　［急ぐ］

② どんなに科学が進歩（　　　　　）、人間の力で解決できないことはたくさん
　　ある。［する］

③ 神戸・大阪で起きたような地震（じしん）がまたいつ起きるかと考えると、（　　　　　　）。
　　［恐ろしい］

④ 友人だと思って親しくしていた人々も、会社が倒産し、財産が（　　　　　　）。
　　［なくなる］

⑤ 戦争は繰り返され、決して終わることがないという事実は（　　　　　　）も明らかだ。［歴史］

V.　【もの (1)】　下から適切な表現を選んで、［　　］の言葉を使って文を完成してください。

　　〔〜うものなら　〜たものだ　〜てからというもの　〜ものがある
　　　〜ものだ　〜ものの〕

① 父は退職（　　　　　　）、趣味の庭いじりをする以外は何もせずに家にいる。［する］

② 我が子ながら、息子の頭の良さには（　　　　　　）。［恐ろしい］

③ 部下の前でパソコンができると（　　　　　　）、使い方がよく分からず困っている。［言う］

④ 子供のころは、よく近くの川で魚をとって（　　　　　　）。［遊ぶ］

⑤ 部長はとても厳しくて、少しでも（　　　　　　）、大きな声で怒られる。［間違える］

⑥ 両親や会社の先輩の言うことは、ちゃんと（　　　　　　）。［聞く］

I.

A. 「～出す」をまとめてみましょう。

① 降り出す、言い出す、燃え出す——ある事が始まる、ある事を始めること。

　・あの人は仕事を（　　　　　）たら、ほかの事は何も見えなくなる。

② 流れ出す、わき出す、突き出す——物がどこかから自然に外に出ること。

　・事故で放射能が外部に（　　　　　）。

③ 押し出す、引き出す、誘い出す——物を外にどこからか意思を持って出すこと。

　・彼はポケットからきっぷを（　　　　　）、係の人に見せた。

④ 打ち出す、生み出す、作り出す——苦労して物を作ること。

　・私が（　　　　　）アイディアをほかの人に利用されてしまった。

B. 「～出る」をまとめてみましょう。

① 飛び出る、わき出る、突き出る——物が外に出ること。

　・工場から汚れた水が（　　　　　）て、海を汚した。

② 届け出る、名乗り出る——自分からすすんである事を人に伝えること。

　・ここの仕事は面白くないので、上司に転勤させてほしいと（　　　　　）。

II.

A. 総 [そう] ／ 全 [ぜん] で始まる言葉を作ってみましょう。

総電力	⇒	総＿＿＿＿＿	総＿＿＿＿＿	総＿＿＿＿＿
全世界	⇒	全＿＿＿＿＿	全＿＿＿＿＿	全＿＿＿＿＿

B. 量 [りょう] ／ 数 [すう] で終わる言葉を作ってみましょう。

発電量	⇒	＿＿＿＿＿量	＿＿＿＿＿量	＿＿＿＿＿量
発電所数	⇒	＿＿＿＿＿数	＿＿＿＿＿数	＿＿＿＿＿数

C. 中 [じゅう] ／ [ちゅう] で終わる言葉を作ってみましょう。

世界中	⇒	＿＿＿＿＿中	＿＿＿＿＿中	＿＿＿＿＿中
計画中	⇒	＿＿＿＿＿中	＿＿＿＿＿中	＿＿＿＿＿中

D.　病 [びょう] ／ 症 [しょう] で終わる言葉を作ってみましょう

| 白血病 | ⇒ | ＿＿＿＿病 | ＿＿＿＿病 | ＿＿＿＿病 |
| 原爆症 | ⇒ | ＿＿＿＿症 | ＿＿＿＿症 | ＿＿＿＿症 |

Ⅲ.　数に関する言葉を練習しましょう。

| 7 割 | 3 分 | 25% | 3.14 | 0.08 |
| ⅔ | 3¼ | | | |

第４課

 聞いてみよう

A　まず、質問をします。次に、表現に注意して会話を聞いてください。そして、質問に答え、会話の内容について話し合ってみましょう。

1.〔近所の主婦〕

2.〔友人同士〕

B

1.　次の点について、メモを取りながら、**CD** を聞いてください。

（1）　話している人

（2）　何について話している？

（3）　まきさんは何にこっている？

（4）　くみさんは何に詳しい？

（5）　ゆかさんの健康法は？

2.　次の質問に答えてください。

（1）（　　　）　（2）（　　　）　（3）（　　　）　（4）（　　　）　（5）（　　　）

3.　自分のメモを見ながら、百五十〜二百字くらいで会話の内容をまとめてください。

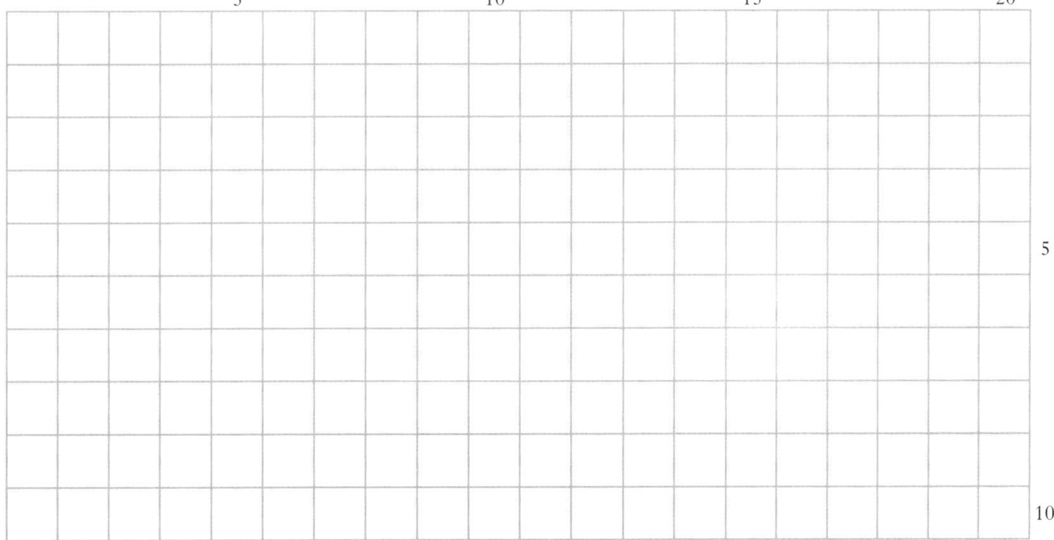

次の文を読んで、後の質問に答えてください。

緑が見えていますか。

　公園のベンチに座ってゆっくり時間を過ごすことなど、以前は考えてもみなかった。それでも、緑はいつもここにあったのだし、鳥たちも美しい声を競っていたのだ。あの事故がなければ、見えていたはずの物、聞こえていたはずの音が、時間に追われ、私には、目にも耳にも入ることはなかっただろう。

　事故の十日ばかり前から残業が続いていた。それでも仕事が終わらなくて、家に帰ってからもパソコンに向かう。a. そんな中での出張だった。朝の早い特急に乗って三時間。着いた駅の前で車を借り、取り引き先の会社を回る。午前中の仕事は順調にいったのだが、昼食を終えたころから天気がくずれ始め、仕事の方もそれに合わせるかのように思ったように進まなくなった。それでも、午後は夕方近くまで走り回って、やらなければならないことは何とか全部終え、やれやれという思いで会社に報告を入れた。その足で直接家に帰るつもりでいたのだが、電話の向こうから返ってきたのは、「近くだから、A. もう一つ行って欲しい所がある」という返事。会社が売り込んだ機械の調子が悪いからちょっと調べて欲しいと言われ、強くなった雨の中をもう一度走り始める。そして、あの事故。

　気が付いたときには、病院のベッドの中。身体を自由に動かすことができないことや会社が心配で、初めのうちはあれこれ悩みながらの入院生活だった。それでも、冗談好きの医者や周りの人たちとも気が合い、次第に、これはゆっくり休みなさい、あんな不健康な生活を続けていたら果ては過労死だと、天が与えてくれたB. 贈り物なのだと思えるようになってきた。

　b. そんなある日、ふと窓の外に目をやると、空の色がいつもと違って見える。木の緑も、遠くに見える山の形も、少しいつもと違う。c. それ以来、目に映る物ばかりではなく、じっと耳を澄ますと、鳥の鳴く声や窓を打つ雨の音すら、以前と違って聞こえるような気がする。毎日の忙しさにいつの間にか忘れてしまっていたが、昔、どこかで目にしたことがあるな。子供のころにこんな音を聞いたぞと、懐かしい光景や音に、新たな発見でもしたような気持ちになった。

　やっと一人で歩けるようになり、一ヶ月の入院生活を終えた。といっても、回復して会社へ行けるようになるまでは通院して治療するという医者との約束で、現場復帰までにはもう少し時間がかかることになった。病院はそれほど遠くはなく、歩こうと思えば歩いて通える所だったが、家族は無理をしないでタクシーを使えばと私の身体を心配してくれた。しかし、C. 私は耳を貸さなかった。一ヶ月も使わなかった足のトレーニングという理由もあったが、病院への行き帰りに目にし、耳にする木の葉の色や鳥の声が、入院中と同じように見え、聞こえるのがうれしかったのである。そうして毎日を送るようになって、いつの間にか決まった公園に立ち寄り、ベンチに腰を下ろすようになっていた。

　痛い思いをさせられはしたけれど、この事故がなければ、私は相変らず仕事に追われ、休む間もなく働き続けていただろう。そして、自分の毎日とはかかわりのない物には、目を向け、耳を傾けることもなかったに違いない。一ヶ月の入院生活は、すっかり忘れていた物を取り返し、健康とは何かを教えてくれた経験だった。

🌱 新しい言葉

やれやれ	大変疲れたときや、あきれたときに、その気持ちを表す言葉
目をやる	見る
耳を澄ます	小さな音や声を注意して聞こうとする
復帰	一度離れた仕事・地位・場所に戻ること
耳を貸す	人の話をよく聞こうとする

1.　上の文を理解するために、＿＿＿＿に言葉や文を書いてください。

事故の話 [←それまでの生活紹介。後でテーマを導入する準備]
1.　出張の前は、大変　①　　。
2.　出張先での仕事は、初めは　②　　。やっと終わったと思ったら、　③　　。
　　そして、事故を起こしてしまった。

<table>
<tr><td>

病院での話［←それまでの生活と比べ、テーマの導入］

  1．初めは、＿④＿入院生活だったが、次第に、＿⑤＿と思うようになった。

  2．ある日、＿⑥＿が違うような気がし、まるで、＿⑦＿気持ちになった。

</td></tr>
<tr><td>

退院してから［←この文のテーマを詳しく］

  1．タクシーを使わず、歩いて通院した。その理由は：

   1)＿⑧＿。

   2)＿⑨＿。

  2．そして、＿⑩＿ようになった。

  3．事故は＿⑪＿だったが、＿⑫＿。

</td></tr>
</table>

① ______________________________

② ______________________________

③ ______________________________

④ ______________________________

⑤ ______________________________

⑥ ______________________________

⑦ ______________________________

⑧ ______________________________

⑨ ______________________________

⑩ ______________________________

⑪ ______________________________

⑫ ______________________________

2. ＿＿＿＿＿＿を引いた a〜c について答えてください。

a．「そんな中」とはどんな状態のことですか。

____

b．「そんなある日」とはどんな日のことですか。

____

c．「それ以来」とはいつ以来のことですか。

____

3. ＿＿＿＿＿＿を引いた A〜C について答えてください。

A. 「もう一つ行って欲しい所」と言われたのはどこですか。

____

B. 「贈り物」と言っているのはどうしてですか。

____

C. 「耳を貸さなかった」のはどうしてですか。

____

4. この文を書いた人が一番言いたいことは何ですか。次の中から選んでください。

a. 事故に遭わないと健康を見直すことはできない。
b. 事故に遭ったことが健康の大切さを気付かせてくれた。
c. 木の葉の緑や鳥の声を、入院するまでは知らなかった。
d. 木の葉の緑や鳥の声は、公園のベンチに座って楽しむものだ。

I. 【動詞と助詞】　下から適切な動詞を選んで、必要に応じて形を変え、例のように
文を完成してください。（　　　）には、「は」以外の助詞が入ります。

〔行き着く　受け止める　備える　立ち寄る　担う　乗りつける〕

例：仕事帰りに、友人が勤める花屋（　に　）<u>立ち寄った</u>が、あいにく休みだそうで、
会えなかった。

① その政治家は派手な車で会場（　　　）＿＿＿＿＿＿。

② 未来の社会（　　　）＿＿＿＿＿＿のは皆さん、若者です。

③ 今回の事故（　　）重く＿＿＿＿＿、これからは十分に注意いたします。

④ 各部屋には大型テレビ（　　　）＿＿＿＿＿あります。

⑤ どんなに遠くても、目的地（　　　）＿＿＿＿＿まではあきらめない。

II. 【副詞】　下から適切な言葉を選んで、文を完成してください。

〔懇切丁寧に　所狭しと　ひたすら　ひっそりと　ピリピリ〕

① 父は本が好きで、部屋にはあらゆる分野の本が（　　　　　　）置いてある。

② 山田先生はいつも（　　　　　　）教えてくださる。

③ 年を取ったら、田舎に引っ込んで（　　　　　　）暮らしたい。

④ どうしようかと考えている時間があったら、（　　　　　　）練習を続けた方
がいい。

⑤ 佐藤先生にはいつも厳しく注意されるので、学生はみんな（　　　　　　）し
ている。

III. 【新しい言葉と表現】　適切な言葉や表現を選んでください。

① （　　　）とダイエットを試みたが、どれも効果はなかった。
　　a. あちらこちら　　b. あの手この手　　c. これでもか　　d. 所狭し

② 成功の（　　　）には、様々な苦労が秘められているものだ。
　　a. 後ろ　　　　　b. 影　　　　　　c. 末　　　　　d. 光

③ 試合で勝つには（　　　）の練習が大切なのです。
　　a. このところ　　b. 最近　　　　　c. 日ごろ　　　d. 普通

④ 「仕事があるから」と言うのは、誘いに応じたくないための（　　　）に過ぎない。

   a. うそ　　　　　　　b. 口実　　　　　　　c. せりふ　　　　　　　d. 約束

⑤ 「頭のトレーニング」という本が（　　　）になっている。

   a. ファッション　　b. フィットネス　　c. プール　　　　　　　d. ベストセラー

⑥ 練習に（　　　）練習で、選手たちはとても疲れている。

   a. 関する　　　　　　b. 次ぐ　　　　　　　c. 伴う　　　　　　　d. よる

⑦ 「会社の経営について、立場（　　　）社員の皆さんから広く意見を求めたい」と社長は語った。

   a. ともなると　　　b. に限らず　　　　c. にひきかえ　　　　d. を問わず

⑧ パチンコは単なる暇つぶし（　　　）。

   a. に限らない　　　b. に過ぎない　　　c. に違いない　　　d. には当たらない

⑨ 昨日注意された学生が、教師につかみかからん（　　　）怒り出すという騒ぎがあった。

   a. ばかりか　　　　b. ばかりで　　　　c. ばかりではなく　　d. ばかりに

⑩ 時が経つ（　　　）、苦労ばかりだった昔のことも懐かしく思えるようになった。

   a. に対して　　　　b. につれ　　　　　c. に伴い　　　　　d. にひきかえ

IV. 【大切な表現】　下から適切な言葉を選んで、意味のある文を完成してください。

〔～ともなると　～に限らず　～にしても　～に違いない
　　～にひきかえ　～を問わず〕

① 体操（たいそう）は、年齢（　　　　　　　）、楽しめます。

② まじめな弟（　　　　　　　）兄は遊んでばかりいる。

③ この店は普段から人が多いのに日曜（　　　　　　　）客が一杯で待たなければならないこともある。

④ 環境問題は一つの国（　　　　　　　）、世界中で起こっている問題だ。

⑤ 普段明るい吉田君があんなに暗い顔をしているのは何かわけがある（　　　　　　　）。

⑥ 行く（　　　　　　　）、行かない（　　　　　　　）、早く連絡した方がいい。

V. 【だけ・ほど】　どちらか適切な方を選んでください。

① 自分の力でやれる（だけ・ほど）のことは全部やった。

② 後一時間（だけ・ほど）で、会議は終わるだろうと思います。

③　きっぷもあるし、かばんも大丈夫。後は鍵をかける（だけ・ほど）だ。

④　大統領（だけ・ほど）の人がそんな失敗をするはずがない。

⑤　夏に飲むビール（だけ・ほど）おいしい物はない、と父は言っていた。

I.

A. 「〜かける」をまとめてみましょう。

① うんざりしかける、食べかける、飲みかける——ある状態になり始める／ある事を自分の意思で始めようとすること。

- 手紙を（　　　　　　　　）が、友達が来たので途中で止めた。

② 呼びかける、投げかける、立てかける——人や物に対してある事をしようとすること。

- 道を歩いていたら、見知らぬ人に突然（　　　　　　　）られて、驚いた。

B. 「〜かかる」をまとめてみましょう。

① 寝かかる、落ちかかる——ある事が自然に始まる、または、ある状態になりつつあること。

- 冬の日は短く、もう日が（　　　　　　　）ている。

② 飛びかかる、通りかかる——何かに向かってある事が行われること。

- 私の方から手を出したのではなく、相手が先に（　　　　　　　）てきたのです。

II.

A. 法［ほう］／方［かた］で終わる言葉を作ってみましょう。

健康法	⇒	_______法	_______法	_______法
歩き方	⇒	_______方	_______方	_______方

B. 気味［ぎみ］／っぽい／がち で終わる言葉を作ってみましょう。

疲れ気味	⇒	_______気味	_______気味	_______気味
疲れっぽい	⇒	_______っぽい	_______っぽい	_______っぽい
疲れがち	⇒	_______がち	_______がち	_______がち

C. っ放し［っぱなし］／まま で終わる言葉を作ってみましょう。

立ちっ放し	⇒	_______っ放し	_______っ放し	_______っ放し
立ったまま	⇒	_______まま	_______まま	_______まま

Ⅲ. 身体の部分を使った表現（3）　意味を考えてみましょう。また、このほかにも「顔」、
「足」を使った言い方を考えましょう。

    A.　顔：顔を出す　　　　　　　　顔が広い　　　　　　　　顔を合わせる
           顔を立てる　　　　　　　　顔から火が出る

    B.　足：足を止める　　　　　　　足が棒になる　　　　　　足を洗う
           足を伸ばす　　　　　　　　足を引っ張る

第5課

 聞いてみよう

A まず、質問をします。次に、表現に注意して会話を聞いてください。そして、質問に答え、会話の内容について話し合ってみましょう。

1. 〔上司と部下〕

2. 〔友人同士〕

B

1. 次の点について、メモを取りながら、**CD** を聞いてください。

（1） 起こった事件

（2） 警察の動き

（3） 犯人について

（4） 母親の考え

（5） 娘の考え

2. 次の質問に答えてください。

（1）（　　　　）　（2）（　　　　）　（3）（　　　　）　（4）（　　　　）　（5）（　　　　）

3. 自分のメモを見ながら、百五十〜二百字くらいで会話の内容をまとめてください。

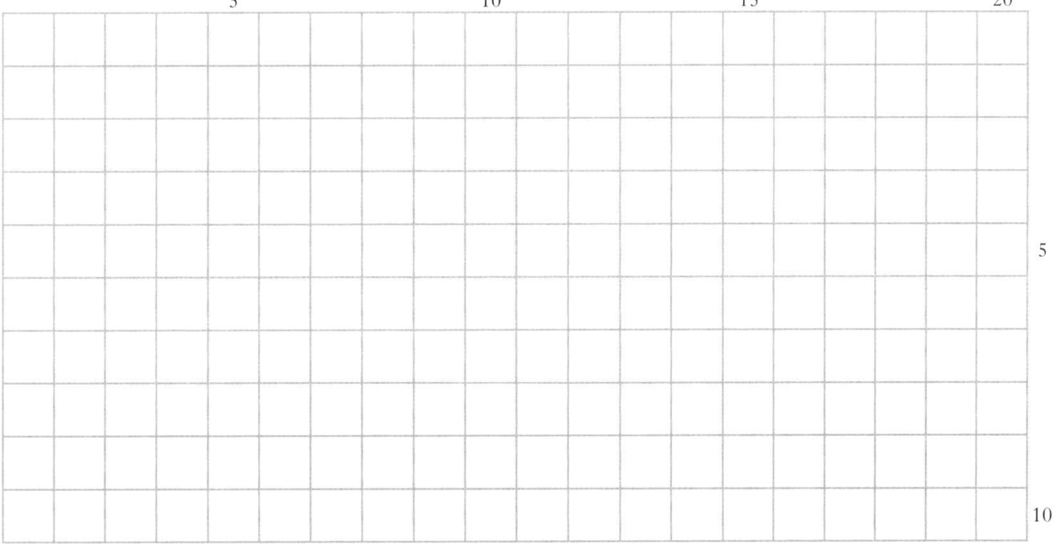

次の文を読んで、後の質問に答えてください。

誰が裁くのか

「八分」という言葉がある。「はちぶ」と読み、「よそ者扱いする」という意味である。かつて、村の決まりを守らなかった家に対して、特別の場合以外は付き合いをしないという定めがあり、そうした状態が、この言葉を使って「村八分」と呼ばれた。村の生活規則を破ったり、村にとって明らかな不利益をもたらした者が、周りの人たちによって、裁きを受けたのである。裁かれる側に事情を説明する機会が与えられることはほとんどなく、また、村の人々の中に「判決」に疑いを抱く者がいたとしても、自らがかかわりになることを恐れ、a. それを口に出すことはなかったという。自由に村を離れたり職業を変えたりすることが許されなかった時代、生まれた村が自らの世界そのものであった当時、人権をすべて奪われてしまったのと同じような状態で生きることは、今では考えることすらできないほどの苦しみだったに違いない。b.そう考えると、生かしたまま、相手の日常生活を奪ってしまう村八分は、事実上の死、「死刑」を意味する非常に厳しい制度であったと言える。

　A. 自分たちに不利益をもたらす者を相手の話も聞かずに裁く「村八分」など、法律が定められ、裁判制度も整えられている今の時代には考えられないことだと思われがちだが、決してそうだとは言えない状況が今の時代にもある。例えば、小学校や中学校で起こっている「いじめ」などは、生徒が自由に学校を離れることができない点を考えれば、現代の「村八分」である。また、現代のマスコミの報道にしても、時には、相手のことを考えず、結果的に、報道の対象になった者の人権を奪ってしまう B.「マスコミ裁判」と呼んでもいいような場合も少なくない。c. そうした状況のもとで、「いじめ」によって周りから存在を否定された生徒が、あるいは、マスコミによって生活の場を追われた者が、死を選ぶという場合も少なくない。この状況は、「村八分」の状態に置かれ、生きる場所のなくなった家族が、時には自らの命を絶つという結末を迎えたという過去の状況と少しも変わらない。

　なぜこのような「村八分」が、いつまでもなくならないのか。確かにこれまでも、「いじめ」や「マスコミ裁判」を人権問題としてとらえ、教育関係者やマスコミ関係者の責任が問われることは何度もあった。しかし、今日まで「村八分」が生き続ける土壌を育ててきたのは、ほかでもない我々自身である。我々の日ごろの「無関心」こそが、人権を奪う大きな原因であるという立場からこの問題が議論されたことがあっただろうか。

　事件が報道されたときには、「ひどいことを・・・」と怒りを感じることはあっても、次第に、いじめの対象が自分や自分の家族でなくて良かったと胸をなで下ろし、マスコミ裁判の成り行きを他人のこととして見てしまいかねない。そして、時間が経つと、自分に無関係なことは忘れてしまう。たとえ「いつか我が身に・・・」「いつか我が子が・・・」と考え、決してそのままにしておける問題ではないと思うことはあっても、かかわりを持ちたくないという気持ちに負け、何かをしなければと行動することは C. まれである。我々のそうした姿勢は、多数の側に立って「村八分」の裁きを見つめているかつての村の人々と少しも変わらず、d. そうした姿勢がどんな結果をもたらすかは言うまでもない。

　裁判員制度が導入されるに当たって、様々な議論が続けられている。裁判員に選ばれれば、人が人を裁く役割を、我々一人ひとりが果たさざるを得なくなる。人を裁く場に立つ前に、今しなければならないことは、「村八分」が残る現在の社会のあり方について、そこでの自らの姿勢について考えてみることなのではあるまいか。

❦ 新しい言葉

破る	規則や約束を守らない
不利益	自分たちにとって都合が悪いこと
整える	制度や秩序を適切な形にする
命を絶つ	自らが決めて死ぬ
胸をなで下ろす	心配事がなくなってホッとする

1.　上の文を理解するために、______に言葉や文を書いてください。

「村八分」という言葉の紹介 [←この文のテーマへの導入]

　1.　「八分」とは、＿①＿意味であるが、昔、＿②＿と呼ばれる＿③＿があった。

　2.　これは＿④＿を奪われ、事実上＿⑤＿制度であった。

今の時代とのかかわり［←テーマを深め、読む人に自分の問題として考えさせる］

　　１．　＿⑥＿　は現代の「村八分」だ。また、マスコミの報道が　＿⑦＿　場合もあり、

　　　　これも現代の「村八分」の一つだ。

　　２．　こうした状況が現代に残る原因を作っているのは　＿⑧＿。

　　３．　この問題を　＿⑨＿　から考えてみる必要がある。

　　４．　こうした状況に関心を持とうとしない理由は：

　　　１）　＿⑩＿。

　　　２）　＿⑪＿。

今、なぜこのことが問題か［←結論として言いたいこと］

　　１．　＿⑫＿　が導入される。そうすれば、誰でも　＿⑬＿　立場になる。

　　２．　そうした立場になる前に必要なことは：

　　　１）　＿⑭＿。

　　　２）　＿⑮＿。

① ＿＿＿＿＿＿＿＿＿＿＿＿＿＿＿＿＿＿＿＿＿＿＿＿＿＿＿＿＿＿＿＿＿＿＿＿

② ＿＿＿＿＿＿＿＿＿＿＿＿＿＿＿＿＿＿＿＿＿＿＿＿＿＿＿＿＿＿＿＿＿＿＿＿

③ ＿＿＿＿＿＿＿＿＿＿＿＿＿＿＿＿＿＿＿＿＿＿＿＿＿＿＿＿＿＿＿＿＿＿＿＿

④ ＿＿＿＿＿＿＿＿＿＿＿＿＿＿＿＿＿＿＿＿＿＿＿＿＿＿＿＿＿＿＿＿＿＿＿＿

⑤ ＿＿＿＿＿＿＿＿＿＿＿＿＿＿＿＿＿＿＿＿＿＿＿＿＿＿＿＿＿＿＿＿＿＿＿＿

⑥ ＿＿＿＿＿＿＿＿＿＿＿＿＿＿＿＿＿＿＿＿＿＿＿＿＿＿＿＿＿＿＿＿＿＿＿＿

⑦ ＿＿＿＿＿＿＿＿＿＿＿＿＿＿＿＿＿＿＿＿＿＿＿＿＿＿＿＿＿＿＿＿＿＿＿＿

⑧ ＿＿＿＿＿＿＿＿＿＿＿＿＿＿＿＿＿＿＿＿＿＿＿＿＿＿＿＿＿＿＿＿＿＿＿＿

⑨ ＿＿＿＿＿＿＿＿＿＿＿＿＿＿＿＿＿＿＿＿＿＿＿＿＿＿＿＿＿＿＿＿＿＿＿＿

⑩ ＿＿＿＿＿＿＿＿＿＿＿＿＿＿＿＿＿＿＿＿＿＿＿＿＿＿＿＿＿＿＿＿＿＿＿＿

⑪ ＿＿＿＿＿＿＿＿＿＿＿＿＿＿＿＿＿＿＿＿＿＿＿＿＿＿＿＿＿＿＿＿＿＿＿＿

⑫ ＿＿＿＿＿＿＿＿＿＿＿＿＿＿＿＿＿＿＿＿＿＿＿＿＿＿＿＿＿＿＿＿＿＿＿＿

⑬ ＿＿＿＿＿＿＿＿＿＿＿＿＿＿＿＿＿＿＿＿＿＿＿＿＿＿＿＿＿＿＿＿＿＿＿＿

⑭ ＿＿＿＿＿＿＿＿＿＿＿＿＿＿＿＿＿＿＿＿＿＿＿＿＿＿＿＿＿＿＿＿＿＿＿＿

⑮ ＿＿＿＿＿＿＿＿＿＿＿＿＿＿＿＿＿＿＿＿＿＿＿＿＿＿＿＿＿＿＿＿＿＿＿＿

2. ＿＿＿＿＿＿を引いた **a～d** について答えてください。

a. 「それ」は何のことですか。

b. 「そう考える」とはどう考えることですか。

c. 「そうした状況」はどんな状況ですか。

d. 「そうした姿勢」とはどんな姿勢のことですか。

3. ＿＿＿＿＿＿を引いた **A～C** について答えてください。

A. 「自分たちに不利益をもたらす者」はどのように扱われるのですか。

B. 「マスコミ裁判」とはどういうことですか。

C. 「まれ」なのはどうしてですか。

4. この文を書いた人が一番言いたいことは何ですか。次の中から選んでください。

a. 「村八分」が現代社会でも続いているのはマスコミの責任だ。
b. 「村八分」は今後もなくなることはない。
c. 「村八分」がなくならないのは我々にも責任がある。
d. 「村八分」のあった時代も現在も人権問題は全てを奪ってしまう。

**I. 【動詞と助詞】　下から適切な動詞を選んで、必要に応じて形を変え、例のように
　　文を完成してください。（　　　）には、「は」以外の助詞が入ります。**

〔追い詰める　さかのぼる　接する　手渡す　降りかかる　基づく〕

例：建設会社の社長がある政治家（　に　）現金（　を　）<u>手渡した</u>という事件がマ
　　スコミをにぎわしている。

① 警察（　　　　）＿＿＿＿＿＿られた犯人は、橋の上から川に飛び込んだ。

② これは、一人の新聞記者が自分の身（　　　　）＿＿＿＿＿危険を恐れること
　　なく書いた記事だ。

③ この川（　　　　）＿＿＿＿＿いくと、景色のいい所に出られますよ。

④ これはどんな証拠（　　　　）＿＿＿＿＿下された判決ですか。

⑤ 外国で起きた事件や事故の報道（　　　　）＿＿＿＿＿たびに、留学中の息子
　　は大丈夫だろうかと心配している。

II. 【副詞】　下から適切な言葉を選んで、文を作ってください。

〔あわや　いっそ　ぞっと　ともあれ　まして〕

① ここはいつも込んでいる。（　　　　　　　）今日は日曜なので、大変な人の数だ。

② いくらやってもうまくできない。（　　　　　　　）始めからやり直そうか。

③ 地震のため、現地の原子力発電所は（　　　　　　　）大事故になるかと思われ
　　るほど危険な状態だったらしい。

④ ずいぶん時間もかかりましたが、（　　　　　　　）事件が解決して良かったで
　　すね。

⑤ 最近どの新聞を見ても（　　　　　　　）するような事件ばかりだね。

III. 【新しい言葉と表現】　適切な言葉や表現を選んでください。

① ある町で大学教授の妻を（　　　　）し、金を奪うという事件が起こった。

　　a. 殺害　　　　　　b. 殺人　　　　　　c. 犯行　　　　　　d. 犯罪

② 政府の調査によって、中小企業の半数以上が経営に行き詰まっていることが
　　（　　　　）した。

　　a. 裁判　　　　　　b. 判決　　　　　　c. 判断　　　　　　d. 判明

③ 家へ帰るのが遅くなったので、（　　　　）ドアを開けて部屋に入った。

a. じっと　　　　b. そっと　　　　c. ホッと　　　　d. やっと

④　うちへ帰ると、国の家族から荷物が（　　　　）いた。

a. 届いて　　　　b. 届けさせて　　　　c. 届けて　　　　d. 届けてもらって

⑤　吉田が犯人だという（　　　　）は何もない。

a. 嫌疑　　　　b. 証拠　　　　c. 証明　　　　d. 保証

⑥　警察の（　　　　）はまだ始まったばかりで、事件の内容は何も分かっていない。

a. 検察　　　　b. 検討　　　　c. 捜査　　　　d. 調査

⑦　大学勤務二十五年目（　　　　）ようやく教授になることができた。

a. からして　　　　b. とあって　　　　c. にあって　　　　d. にして

⑧　机の角に足をぶつけ、その痛さに声を上げ（　　　　）。

a. ずに済ませた　　　　　　　　b. ずに済んだ

c. ずにはいられなかった　　　　d. ずにはおかなかった

⑨　ジョンさんはカラオケは好きではないと言っていたが、誘ってみたら、行かないとも（　　　　）よ。

a. 限って　　　　b. 限らず　　　　c. 限らない　　　　d. 限る

⑩　旅行に行けるかどうかは、仕事の都合（　　　　）。

a. 限りだ　　　　b. 結果だ　　　　c. 次第だ　　　　d. 始末だ

IV.【大切な表現】　下から適切な表現を選んで、必要に応じて形を変え、意味のある文を完成してください。

〔～始末だ　～ずにはおかない　～とあって　～とする　～にあって
　　～にして　～ものだ〕

①　この事件は、中学生が同じクラスの友人を殺害した（　　　　　　　）、関係者の間に大変な問題を投げかけた。

②　私の父は五十歳（　　　　　　　）初めて海外旅行をしたそうだ。

③　仕事の失敗は私の責任だが、ひどい言葉を口にした上司には、一言あやまらせ（　　　　　　　）。

④　旅の途中（　　　　　　　）、ふと、子供のころに住んでいたふるさとの町を思い出した。

⑤　高校野球でふるさとの学校が優勝した（　　　　　　　）、上司はとても機嫌が良い。

⑥　警察はこの事件に外国人がかかわっている（　　　　　　　）、地域の外国人をすべて調べた。

⑦　昨年の成人式は若者たちが酒を飲んで騒ぎ始め、けんかになって、警察を呼ぶ
　　（　　　　　　　　）、市民からは、成人式などやめてしまえという声も多く上がっ
　　ている。

V.【～ず】　与えられた動詞と表現を使って文を完成してください。必要に応じて、動詞も表現も適切な形に変えてください。

〔～ず　～ずじまい　～ずに　～ずにいる　～ずに済ませる　～ずに済む
　～ずにはいられない　～ずにはおかない〕

例：見たい映画だったのに、忙しくてとうとう（見ずじまい）だった。［見る］

①　図書館の本を（　　　　　　　）たら、図書館から電話がかかってきた。［返す］

②　この授業にはたくさんの本が必要らしいが、できるだけ（　　　　　　）たい。
　　［買う］

③　電車では間に合いそうになかったので、タクシーに乗ったら、何とか
　　（　　　　　　　）。［遅れる］

④　この映画は、見る者に感動を（　　　　　　）作品です。［与える］

⑤　台風のため飛行機が（　　　　　　）、友人の結婚式には行けなかった。［飛ぶ］

⑥　寂しくて、誰かに（　　　　　　）。［電話する］

⑦　辞書を（　　　　　　）、新聞が読めますか。［引く］

I.

A.　「〜詰める」をまとめてみましょう。

① 　見詰める、通い詰める——ある事をずっとし続けること。

・三ヶ月の間、図書館に通い詰めて、ようやくレポートが完成した。

② 　上り詰める、問い詰める——これ以上はできないというところまである事を行うこと。

・とうとう犯人を（　　　　　　　　）と思ったが、もう少しのところでにげられた。

B.　「〜詰まる」をまとめてみましょう。

煮詰まる、押し詰まる——ある事を続けた結果、もうそれ以上はできなくなること。

・彼は店の経営に（　　　　　　　　）、友人に助けを求めた。

II.

A.　同 [どう] ／ 本 [ほん] ／ 当 [とう] で始まる言葉を作ってみましょう。

同人	⇒	同＿＿＿＿	同＿＿＿＿	同＿＿＿＿
本人	⇒	本＿＿＿＿	本＿＿＿＿	本＿＿＿＿
当人	⇒	当＿＿＿＿	当＿＿＿＿	当＿＿＿＿

B.　不 [ふ] ／ 無 [む] [ぶ] ／ 非 [ひ] ／ 未 [み] で始まる言葉を作ってみましょう。

不十分	⇒	不＿＿＿＿	不＿＿＿＿	不＿＿＿＿
無実	⇒	無＿＿＿＿	無＿＿＿＿	無＿＿＿＿
無遠慮	⇒	無＿＿＿＿	無＿＿＿＿	無＿＿＿＿
非科学的	⇒	非＿＿＿＿	非＿＿＿＿	非＿＿＿＿
未完成	⇒	未＿＿＿＿	未＿＿＿＿	未＿＿＿＿

III.　動詞「かける」には様々な使い方があります。どんな名詞と一緒に使われるか考えてみましょう。

例：嫌疑（を）かける

＿＿＿＿＿＿＿（　　　）かける　　　＿＿＿＿＿＿＿（　　　）かける

____________（　　　）かける　　　　____________（　　　）かける

____________（　　　）かける　　　　____________（　　　）かける

第6課

A　まず、質問をします。次に、表現に注意して会話を聞いてください。そして、質問に答え、会話の内容について話し合ってみましょう。

1.　〔職場の同僚〕

2.　〔学生同士〕

B

1.　次の点について、メモを取りながら、**CD** を聞いてください。

　　（1）　何について話している？

　　（2）　父親の考え

　　（3）　母親の考え

　　（4）　娘の考え

　　（5）　娘はどうするつもり？

2.　次の質問に答えてください。

　　(1)（　　　　）　(2)（　　　　）　(3)（　　　　）　(4)（　　　　）　(5)（　　　　）

3.　自分のメモを見ながら、百五十〜二百字くらいで会話の内容をまとめてください。

次の文を読んで、後の質問に答えてください。

母三人、そして母はなし。

　何かを見落としたような気がして、もう一度同じページを見直した。「母三人、そして母はなし」という記事を見つけて、これだったんだと思い、読んでみるのだが、さっと目を通しただけでは何のことなのかよく分からない。そこでじっくり読み直してみると、こんな話が紹介されていた。

　「子供のない日本人夫婦が、夫と第三者の女性の間で体外受精した受精卵を、さらに別の女性の胎内で育て、出産に成功した。生まれた子には戸籍上の母親と、遺伝子上の母親、そして、代理母と、三人の母親が存在する・・・」という記事は、A.「存在することになった」ではなく、「存在するはずであった」と続く。日本では代理母が認められていない。日本の法律では自らが生んだ子でなければ、自分の戸籍に入れることはできない。それが「はずであった」と続く理由である。今度の場合、体外受精の相手の女性も、代理母も、生まれてきた子供を実際に育てるわけではないから、日本に帰ってきた子供には、「そしては母なし」になるというわけである。現在の法律では、代理母が戸籍上の母となり、実際に子供を育てる両親が生まれた赤ちゃんを養子としてもらうという方法しかない。記事は、「やっとの思いで授かった子」だから、戸籍上の問題はどうであっても、「もちろん、自分たちの子として大切に育てていく」という夫婦の話で終わっていた。

　代理母出産や人工授精、体外受精については、医学的立場からはもとより、法律、宗教、倫理上のあらゆる方面からの議論が続けられている。a. そうした議論の一つが、「何らかの歯止めが考え出されなければならない。そうでなければ、出産はあたかも商品を売り買いするように扱われ、生まれた子供が誰に属するのかはっきりせず、社会秩序を大きく乱すことになる」という議論である。また、「出産は本来自然の営みであるべきだ。人が手を加えるなどとんでもない話だ」という意見もあり、どちらもいわゆる自然の摂理に人が手を出すべきではないという立場からの議論である。

　それとは対照的に、「子供ができないと分かった夫婦が、現在の産婦人科医

療の進んだ技術を利用して、子供が欲しいという二人の願いをかなえること
に何も問題はないはずだ」という意見もある。「新しく法律を定め、関係者す
べてが納得した上であれば、代理母出産なども、制度として日本でも認める
べきだし、生まれた子供の戸籍も認めるべきだ。自然の摂理などというあい
まいな概念に基づいて議論が進められるのはおかしい。どのような形で家庭
を営むかは、個人の自由にかかわる問題だ」という立場からの意見である。B.ど
ちらの立場からの意見も、これからさらに議論が続けられていくことになる
と考えられる。

　何とか子供を、と強い願いを持つ夫婦が存在する一方で、育てられない赤ちゃ
んをどこかに置きっ放しにしたり、命を奪ったりする事件も少なくない。生
まれた子供が育てられなくなる理由は様々だと考えられる。経済的にどうし
てもやっていけなくなった若い夫婦もいれば、生まれてすぐに結婚生活がう
まくいかず一人では育てられなくなった親もいるのだろう。b. そうした状況
を何とかしなければということで、赤ちゃんをお世話しましょうと言い出し
た病院がある。この病院では、C.「赤ちゃんポスト」と名前を付けた制度を
導入し、これまでは、どこかに放置されたり、時には、命を奪われていた赤ちゃ
んを、捨てないで、殺さないでと呼びかけている。死んでいたはずのいくつ
もの幼い命を助けたドイツの制度が、「赤ちゃんポスト」のきっかけになった
のだという。

　たとえ自然の摂理に手を加えることになっても、どうしても子供を授かり
たいと願う人間がいる一方で、授かった子供が育てられずそっと他人の手に
託す人間がいる。代理母の新聞記事は、c. そうした人間へ多くのことを問う
記事であった。

🌱 **新しい言葉**

見落とす	見たはずなのに、気が付かなかった
じっくり	落ち着いて、時間をかけて（〜する）
養子	自分の子供ではなく、法律上の子供
授かる	神や上の人から、いただく
あいまいな	はっきりしない

1. 上の文を理解するために、______に言葉や文を書いてください。

新聞記事の内容 ［←この文で扱うテーマの導入］

　　１．　一人の子供に三人の母が存在する。その三人は：

　　１）　①______

　　２）　②______

　　３）　③______

　　２．　④______は自分の戸籍に入れられない。それは、⑤______からだ。

代理母に対する考え方　［←違う意見を比べてテーマをより詳しく議論する］

　　１．　代理母に反対する意見は、出産は⑥______はいけない。また、出産は⑦______であり、人が手を加えるべきではないという意見である。

　　２．　共通するのは、出産は⑧______という立場である。

　　３．　それとは反対に、子供が欲しいという願いをかなえるために⑨______を定め、⑩______べきだという意見がある。⑪______は個人の自由の問題だから、あいまいな概念で議論すべきではないという立場だ。

赤ちゃんポストについて［←子供を授かるということをさらに深く考える］

　　１．　子供を育てられなくなる理由には⑫______や⑬______などが考えられる。

　　２．　赤ちゃんポストは、⑭______がきっかけとなった制度で、⑮______という呼びかけをする制度である。

①　______________________________

②　______________________________

③　______________________________

④　______________________________

⑤　______________________________

⑥　______________________________

⑦　______________________________

⑧　______________________________

⑨　______________________________

⑩　______________________________

⑪　______________________________

⑫　______________________________

⑬　______________________________

⑭ ____

⑮ ____

2.　________を引いた **a〜c** について答えてください。

a.　「そうした議論」とはどんな内容の議論ですか。

____

b.　「そうした状況」とはどんな状況のことですか。

____

c.　「そうした人間」とはどんな人間のことですか。

____

3.　________を引いた **A〜C** について答えてください。

A.　どうして「存在することになった」ではなく「存在するはずであった」と書かれていたのですか。

____

B.　「どちらの立場」というのは何と何ですか。

____

C.　どうしてこのような名前が付いたと思いますか。

____

4.　この文を書いた人が一番言いたいことは何ですか。次の中から選んでください。

a.　出産は本来個人の自由であり、他人が手を加えるべきではない。

b.　子供ができない夫婦が進んだ技術を利用するのは間違っている。

c.　「赤ちゃんポスト」は捨てられる赤ちゃんを助けるドイツの制度である。

d.　産婦人科医療についてはもとより、子供を持つということについても、もっと議論していくべきである。

I. **【動詞と助詞】** 下から適切な動詞を選んで、必要に応じて形を変え、例のように文を完成してください。（　　　）には、「は」以外の助詞が入ります。

〔応用する　凝縮する　進化する　操作する　創造する　適応する
　判別する　並行する〕

例：研究の成果（　を　）日常生活（　に　）応用する技術の開発が急がれる。

① ヒトは海の生物から今の姿（　　　）と＿＿＿＿＿＿。

② この機械には最新の知識と技術（　　　　）＿＿＿＿＿＿。

③ どちらが日本製品でどちらが外国製品か（　　　　）＿＿＿＿＿＿のは難しい。

④ この道は新幹線（　　　　）＿＿＿＿＿、走っている。

⑤ 自然の摂理にしたがって全ての生命（　　　　）＿＿＿＿＿のだと思う。

⑥ この魚は驚くべき速さで、新しい環境（　　　　）＿＿＿＿＿。

⑦ まず、この機械（　　　　）＿＿＿＿＿技術を身に付けてください。

II. **【な形容詞】** 下から言葉を選んで、適切な形に変えて文を完成してください。

〔大幅　謙虚　正常　積極的　そっくり　微妙〕

① クラスでは（　　　　　　）意見を出してください。

② 最近の若者には（　　　　　　）が足りないというのが社長の口癖だ。

③ 早く軌道を（　　　　　　）戻さないとロケットは落ちてしまう。

④ よく似た言葉でも、ほとんどの場合、その意味は（　　　　　）異なる。

⑤ 不景気が続き社員の数を（　　　　　　）減らさなければ、経営を維持できない。

⑥ 息子は父親に（　　　　　　）。

III. **【新しい言葉と表現】** 適切な言葉や表現を選んでください。

① 自然の複雑な（　　　）によって地球の環境が支えられている。

　　a. データ　　　　　b. パーセント　　　　c. メカニズム　　　　d. ルール

② 犯人が家族であると（　　　）したのは、事件が起きてから一週間後だった。

　　a. 判決　　　　　　b. 判断　　　　　　　c. 判別　　　　　　d. 判明

③ 遺伝子の仕組みの（　　　）が、クローン技術の開発につながったと言われている。

　　a. 解明　　　　　　b. 観察　　　　　　　c. 検査　　　　　　d. 捜査

④　この（　　　　）では、昔から米作りを初めとする農業がさかんに行われている。
a. 境界　　　　　　　b. 国境　　　　　　　c. 地域　　　　　　　d. 領域

⑤　この生物はどんな環境にも短時間で（　　　　）できる能力を持っているようだ。
a. 遺伝　　　　　　　b. 進化　　　　　　　c. 適応　　　　　　　d. 分裂

⑥　何時間話し合っても二人の意見は（　　　　）したままだ。
a. 挑戦　　　　　　　b. 低下　　　　　　　c. 飛躍　　　　　　　d. 並行

⑦　平和な人間社会が（　　　　）から揺らぐような大事件が起きた。
a. 根底　　　　　　　b. 神秘　　　　　　　c. 摂理　　　　　　　d. 創造

⑧　山田さんは結婚してから、以前（　　　　）仕事熱心になった。
a. というよりむしろ　　　　　　　　　b. にもまして
c. はもとより　　　　　　　　　　　　d. もさることながら

⑨　医者（　　　　）あらゆる病気が治せるわけではない。
a. というのも　　　b. といえども　　　c. といえば　　　　d. といったら

⑩　一人暮らしのお年寄りが亡くなって一ヵ月後に発見されたという。しかし、こんな事件も都会では驚く（　　　　）。
a. に過ぎない　　　b. に違いない　　　c. には当たらない
d. にほかならない

IV.【慣用的な表現】　動詞を入れて、例のように文を完成してください。

例：難しい仕事が終わって、ホッと胸を（なでおろした）。

①　精神的に追い詰められた彼女はとうとう危ない薬に手を（　　　　　　　）。

②　がんの治療に光を（　　　　　　　）最新の医療技術が開発された。

③　試験のために覚えなければならない漢字の数を見て、気が遠く（　　　　　　　）。

④　ヒトのDNAの解明は、すなわち、生と死に関する神秘のベールを
（　　　　　　　）試みであると言ってよい。

⑤　仕事をやめてからというもの、彼は歯止めを（　　　　　　　）かのように酒ばかり飲んでいる。

⑥　接待費は仕事上の付き合いに必要なものだが、個人の金とは明確に境界線を
（　　　　　　　）べきだ。

V.【という・といった】　どちらか適切な方を選んでください。また、使わない方がいい場合はφを選んでください。

①　NPO の吉田さん（という・といった・φ）方がいらっしゃいました。

②　代表的な日本料理（という・といった・φ）と、やはり「てんぷら」でしょうか。

③　この学校には、中国、韓国、タイ、ベトナム（という・といった・φ）アジア
　　の学生が多い。

④　ルーシーさんに会う（という・といった・φ）機会があれば、この本を渡して
　　ください。

⑤　最近では仕事に慣れて、会社を辞めたい（という・といった・φ）気持ちもな
　　くなった。

⑥　これは私が昨日友達から借りた（という・といった・φ）CD です。

I.

A. 「〜合わせる」をまとめてみましょう。

① 縫い合わせる、待ち合わせる——二つ以上の物を一つにまとめること。

・このセーターにこんなスカーフを（　　　　　　）と、おしゃれな感じに
なります。

② 乗り合わせる、持ち合わせる——偶然ある状況が重なること。

・ちょうどその事故の現場に（　　　　　　）て、事故を目の当たりにした。

B. 「〜合う」をまとめてみましょう。

① 愛し合う、奪い合う、なぐり合う——お互いに相手に自分の意思である事を
すること。

・ひさしぶりに会ったんだから、今夜はゆっくり（　　　　　　）ましょう。

② 解け合う、溶け合う、混じり合う——結果として一つの物になること。

・この美術館は周りの自然と解け合うようにデザインされています。

③ つり合う、見合う——二つの物がちょうどよく合うこと。

・あの人は赤がよく（　　　　　　）。

II.

A. 科 [か] ／ 課 [か] で終わる言葉を作ってみましょう。

| 産婦人科 | ⇒ | ______科 | ______科 | ______科 |
| 学生課 | ⇒ | ______課 | ______課 | ______課 |

B. 内 [ない] ／ 中 [ちゅう] で終わる言葉を作ってみましょう。

| 胎内 | ⇒ | ______内 | ______内 | ______内 |
| 染色体中 | ⇒ | ______中 | ______中 | ______中 |

C. 線 [せん] ／ ライン で終わる言葉を作ってみましょう。

| 境界線 | ⇒ | ______線 | ______線 | ______線 |
| ボーダーライン | ⇒ | ______ライン | ______ライン | ______ライン |

Ⅲ.　身体の部分を使った表現（4）　意味を考えてみましょう。また、このほかにも「手」を使った言い方を考えましょう。

手：　手を出す　　　　　　　手を加える　　　　　　　手に入れる
　　　手にする　　　　　　　手を打つ

第 7 課

 聞いてみよう

A　まず、質問をします。次に、表現に注意して会話を聞いてください。そして、質問に答え、会話の内容について話し合ってみましょう。

1.　〔夫と妻〕

2.　〔父と母と息子〕

B

1.　次の点について、メモを取りながら、**CD** を聞いてください。

（1）　場所

（2）　誰が晩御飯をごちそうする？

（3）　ちひろの旅行

（4）　沖縄の郷土料理

（5）　気付いたこと

2.　次の質問に答えてください。

（1）（　　　　）　（2）（　　　　）　（3）（　　　　）　（4）（　　　　）　（5）（　　　　）

3.　自分のメモを見ながら、百五十〜二百字くらいで会話の内容をまとめてください。

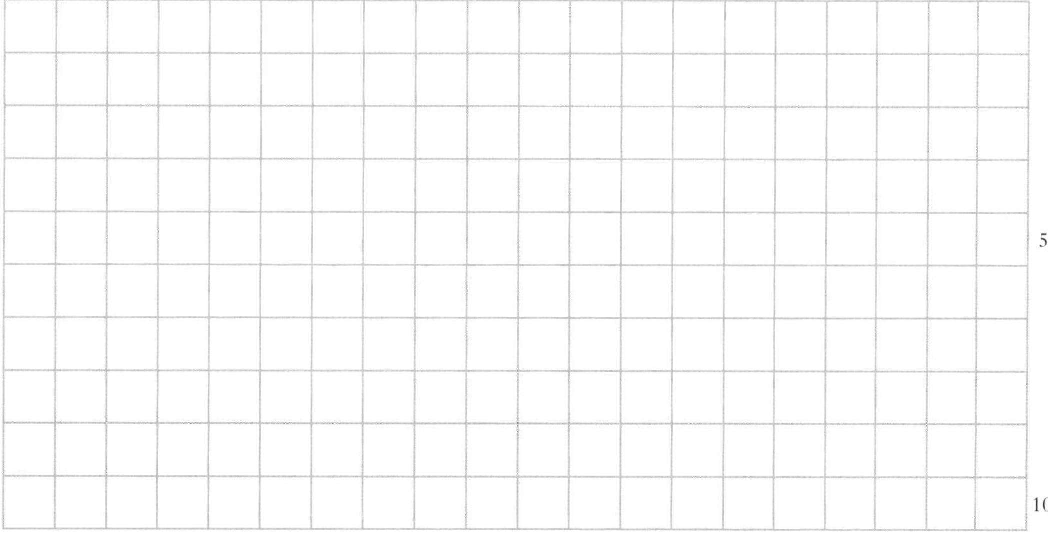

次の文を読んで、後の質問に答えてください。

新しい国「ダイトシ」

　最近、ネパールのカトマンズを訪れた。「訪れる」といっても、わざわざ一人で出かけたわけではない。ネパール人の友人が久しぶりに国に帰るというので、私は、a.それについていったのである。

　カトマンズの町では、友人の家族が遠い昔からの伝統を守って生活をしていた。民族衣装を身に付けたお母さんが、おいしいネパール料理で私を迎えてくださった。仕事を終えたお父さんが、少し遅れて夕食の席に着き、ニコニコしながらのどが焼けそうな強いお酒を勧めてくれた。お父さんの話では、自分や子供たちが継いでいる仕事は、何百年も変わらず続いている仕事なのだという。言葉ができるわけではないので、夕食の間中、片言の英語と身振り手振りの大変なコミュニケーションだったが、それでも、昔どこかで経験した懐かしいにおいのする場面にいるようで何とも温かい気持ちにさせられる一時だった。

　ネパールにいる間、言葉のできない私を助けてくれたのは、「ナマステ」という言葉である。友人のご両親、兄弟、その他どんな人に出会っても、顔の前でそっと両手を合わせ、「ナマステ」。b.そのときの柔らかな表情と笑顔が、私の心を和やかにしてくれる。発音にしても、両手の合わせ方にしても、難しいものではないので、こちらもすぐにまねをして「ナマステ」と返す。c.これが不思議なことに、心を温かくする。言葉は分からなくても、心の深い所で気持ちが通じたような気にさせる。大人も子供もそっと手を合わせての「ナマステ」。お互いが相手を神様のようにして口にするこの「ナマステ」には、何か不思議な力があって、初めて会った人との間でも、お互いの心を通わせる役をしてくれた。

　ところで、このネパールの友人が先日面白いことを言ってきた。「今、世界の大都市が似てきている」というのである。先日、彼女は頼まれてこんな内容のスピーチをしたという。

　　——私の生まれ育った町は人口がどんどん増えていて、今、いろいろな問題があります。特に交通渋滞、住居不足、犯罪の増加がひどいです。貧しい人たちが仕事を求めてどんどん都市へやって来るのが原因です。また、地方から来る人が増えるにつれて、隣の人を知らないで生活することも多くなり、よく言われる A.「人を見たらどろぼうと思え」という意識も強くなってきました。

　また、経済が発展するにつれて、前からそこに住む人たちの生活も少しずつ変わってきています。毎日の生活や教育にかかる費用が高くなった結果、子供を二人以上持つ家族も少なくなってきています。五人兄弟、六人兄弟などというのは、もう昔の話になってしまいました。確かに、田舎の生活と比べると、ここの生活は便利だし、仕事も多いし、給料も高いです。が、私は、B. 何か大切な物がなくなっていくようで心配です――

　この話を聞いて、どこの国の何という都市だと当てられる人は少ないだろう。彼女の話は、アジアの、いや、世界中の大都市と呼ばれる所、どこにでも当てはまると思われるからである。確かに、場所が変われば、町並みのたたずまいも違うし、伝統的な建物の造りも違う。ところが、もっと深い、目に見えない所では「ダイトシ」と呼んでもいいような、よく似た都市が、世界中にできつつあるように思えて仕方がない。世界中どこに行っても、同じような物が食べられ、同じように生活できるということは、とても便利なことだと思う。しかし、私は、友人と訪れたネパールの大都市カトマンズが、世界のほかの「ダイトシ」と同じような道を歩んで欲しくないと心から思った。自分は大都市での生活を経験し、物質文明にうんざりしているから d. そんなことを言うのだと言われるかもしれない。それでも、友人が言った「私は、ネパールが日本のような発展をしてくれるといいと思います。古い物を上手に残して、新しい物を取り入れる生活です」という言葉を、私は、C. 複雑な思いで聞いていた。

　天気が良ければ、はるかヒマラヤの美しい姿が見られるカトマンズの町では、伝統を大切にしながら、「ナマステ」の人々が謙虚に生きている。しかし、どう考えてみても、必要ないと思えるほどに増えた車やバイクのせいで、汚れた空気はヒマラヤの山々の姿を消してしまうほどにまでなっている。それでも、この伝統の町は、車やバイクとスピードを競うように、ひたすら「ダイトシ」に向かって走り続けているように思えた。

民族衣装	その国、文化の伝統的な服装
継ぐ	前から続いていることを、続けて守る
身振り手振り	相手に伝えるため、言葉だけでなく手や身体を使うこと
当てはまる	ちょうどうまく合う
取り入れる	新しいこと、良いことを受け入れる

1. 上の文を理解するために、＿＿＿＿に言葉や文を書いてください。

ネパール訪問 [←本文のテーマ「ダイトシ」の古くからの一面紹介]
   1. 友人の家族の生活は＿①＿生活で、お母さんは＿②＿、お父さんは＿③＿。
   2. 友人の家族は、訪れた者を＿④＿ような気にさせる生活をしていた。

ナマステの話 [←さらにネパール社会の温かさの例をあげ、後のダイトシと比べる]
   1. ナマステは、こちらの気持ちを＿⑤＿してくれる。また、まねをすると、
    ＿⑥＿気になる。
   2. 初めて会った人との間でも＿⑦＿。

友人のスピーチ内容 [←「ダイトシ」の問題という本文のテーマへの導入]
   1. 生まれ育った町には、様々な問題があり、その原因は＿⑧＿。その結果、
    ＿⑨＿という意識も強くなってきている。
   2. 経済発展とともに＿⑩＿も変わってきて、＿⑪＿など、昔の話だ。
   3. 田舎と比べるといい所もあるが、＿⑫＿で心配だ。

「ダイトシ」という都市 [←これを書いた人のテーマについての主張]
   1. 友人のスピーチの内容は、＿⑬＿に当てはまる。
   2. 深い所で＿⑭＿都市が、世界中に＿⑮＿。一見便利なようだが、カトマ
    ンズは＿⑯＿。
   3. 友人の言葉を聞いて＿⑰＿し、ネパールの町は＿⑱＿思えた。

① ＿＿＿＿＿＿＿＿＿＿＿＿＿＿＿＿＿＿＿＿＿＿＿＿＿＿＿＿＿＿

② ＿＿＿＿＿＿＿＿＿＿＿＿＿＿＿＿＿＿＿＿＿＿＿＿＿＿＿＿＿＿

③ ＿＿＿＿＿＿＿＿＿＿＿＿＿＿＿＿＿＿＿＿＿＿＿＿＿＿＿＿＿＿

④ ＿＿＿＿＿＿＿＿＿＿＿＿＿＿＿＿＿＿＿＿＿＿＿＿＿＿＿＿＿＿

⑤ ____

⑥ ____

⑦ ____

⑧ ____

⑨ ____

⑩ ____

⑪ ____

⑫ ____

⑬ ____

⑭ ____

⑮ ____

⑯ ____

⑰ ____

⑱ ____

2. ＿＿＿＿＿＿を引いた a〜d について答えてください。

a. 「それ」とは何のことですか。

____

b. 「そのとき」とは何をしたときのことですか。

____

c. 「これ」は何のことですか。

____

d. 「そんなこと」とはどんなことですか。

____

3. 〜〜〜〜〜〜を引いた A〜C について答えてください。

A. 「人を見たらどろぼうと思え」というのはどんな意味だと思いますか。

____

B. 「大切な物」とは何だと思いますか。

____

C. 「複雑な思い」の内容は何だと思いますか。

____

4.　この文を書いた人が一番言いたいことは何ですか。次の中から選んでください。

　a.　「ナマステ」には不思議な力があり、人と人の心を通わせる。

　b.　ネパールはできれば日本やほかの大都市と同じような発展はしないで欲しい。

　c.　ネパールも日本のように古い物を残し、新しい物をどんどん取り入れて欲しい。

　d.　カトマンズの町は車やバイクのせいでどんどん空気が汚れている。

◆ 表現を磨こう

I. 【動詞と助詞】　下から適切な動詞を選んで、必要に応じて形を変え、例のように
　　文を完成してください。（　　　）には、「は」以外の助詞が入ります。

〔裏切る　抑える　掲げる　断る　そぐ　対応する　てこずる〕

例：仕事が終わらなかったので、友人の誘い（　を　）断って、残業をした。

① 怒り（　　　　）＿＿＿＿＿＿ことができずに、友人をなぐってしまった。
② 父に反対されて、やろうという気持ち（　　　　）＿＿＿＿＿しまった。
③ 信じていた友人（　　　　）＿＿＿＿＿彼女は、すべてを失って、田舎へ帰った。
④ 店員が少ないので客の一人ひとり（　　　）十分＿＿＿＿＿ことができない。
⑤ 子供のいたずら（　　　）＿＿＿＿＿先生は、ついに両親に連絡することに
　　した。
⑥ 大通り（　　　）看板（　　　　）＿＿＿＿＿のが私の夢です。

II. 【副詞】　下から適切な言葉を選んで、文を完成してください。

〔うっそうと　ついでに　とりあえず　何かしら　何とも〕

① 難しい宿題は後にして、（　　　　　　　）漢字の練習から始めよう。
② 二時間ばかり走って着いた所は、（　　　　　　　）茂った森に囲まれた場所だっ
　　た。
③ 手紙を出しに行った（　　　　　　　）記念切手を買ってきた。
④ 優秀な学生だっただけに、病気で国へ帰ったと聞いたときは、（　　　　　　　）
　　残念だった。
⑤ 彼に仕事を頼んでも、（　　　　　　　）理由を付けて、断られるだろう。

III. 【新しい言葉と表現】　適切な言葉や表現を選んでください。

① テストの結果を聞いて、しばらくは頑張ろうという気持ちがそがれたが、
　　（　　　　）また勉強を始めることにした。
　　a. 気がして　　　　b. 気が付いて　　　c. 気になって　　　d. 気を取り直して
② 私の立場（　　　）、そんなことは認められない。
　　a. 柄　　　　　　　b. 気味　　　　　　c. 上　　　　　　　d. 向け
③ その男の車の中はごみ（　　　）で、少し変なにおいもした。
　　a. がち　　　　　　b. だらけ　　　　　c. まみれ　　　　　d. 汚れ

④　昨日、小学生ぐらいの子供がお年寄りの荷物を持って通りを渡らせるという
　　（　　　　）光景を見た。
　　a. けたたましい　　　b. はずかしい　　　c. ほほえましい　　　d. よそよそしい
⑤　林先生の授業が始まると、クラスの（　　　　）が明るくなる。
　　a. 気体　　　　　　　b. 空気　　　　　　c. 大気　　　　　　　d. 雰囲気
⑥　酒を飲み過ぎたのか、同僚は大声で調子（　　　　）の歌を歌い続けた。
　　a. 狂い　　　　　　　b. 違い　　　　　　c. はずれ　　　　　　d. 間違い
⑦　その店で売られていた品物は、有名な商品と同じようなデザインだったが、よ
　　く見ると本物とは（　　　　）ひどい物だった。
　　a. 切っても切れない　　　　　　　　b. なくてはならない
　　c. 似ても似つかぬ　　　　　　　　　d. 計り知れない
⑧　定年前に会社を辞めた兄は妻と二人、田舎で（　　　　）暮らしている。
　　a. あれこれと　　　b. てくてくと　　　c. ひっそりと　　　　d. もやもやと
⑨　地下の通路を自転車で走り回るなんて、危なく（　　　　）。
　　a. てしょうがない　b. てたまらない　　c. てならない　　　d. てもかまわない
⑩　伝統の技を守り続ける古いお店が多く残っているのは、京都（　　　　）のこと
　　ですね。
　　a. といえども　　　b. ともなると　　　c. ならでは　　　　　d. なりとも

IV.【大切な表現】　下から適切な表現を選んで、意味のある文を完成してください。

〔〜こととて　〜ではないか　〜手前　〜なりとも　〜ようにも〕

①　一九九五年は、忘れ（　　　　　　　　）忘れられない大地震の起こった年です。
②　今日は少し体の調子が悪いが、自分で言い出した（　　　　　　　）、行かない
　　わけには行かない。
③　先日、高校時代のクラス会があったが、三十年ぶりの（　　　　　　　）、友人
　　の名前をほとんど忘れていて、声をかけてくれた人には失礼なことをした。
④　本物は無理だから、せめて写真（　　　　　　　）撮って帰りたい。
⑤　専門家なら知っているだろうと思って聞いてみると、知らないという
　　（　　　　　　　）。

V.【並列表現（1）】　下から適切な言葉を選んで、文を完成してください。

〔〜うが〜うが、〜だの〜だの、〜といい〜といい、〜なり〜なり、〜やら〜やら〕

①　台風が来て、窓が割れる（　　　　　　）、木が倒れる（　　　　　　）で、大変でした。

② 娘は最近頭が痛い（　　　　　）、はき気がする（　　　　　）と言って、学校へ行きたがらない。

③ 問題があるときは先生に聞く（　　　　　）、友達に相談する（　　　　　）して、早く解決してください。

④ 雨が降ろ（　　　　　）、風が吹こ（　　　　　）明日はどうしても行かなければなりません。

⑤ 大きさ（　　　　　）、形（　　　　　）、この花びんはうちのリビングルームにちょうどいい。

I.

A. 「〜切る」をまとめてみましょう。

① 焼き切る、たたき切る——物を実際に切ること。

- 犬がひもを（　　　　　　）、にげた。

② 読み切る、使い切る、にげ切る——ある事を何とかやり終えること。

- 十キロの山道を最後まで（　　　　　　）。

③ 困り切る、分かり切る——これ以上はないという状態になること。

- 大地震（おおじしん）によって家も仕事もなくし、彼は（　　　　　　）顔をしている。

④ 割り切る、思い切る——はっきりした態度である事を行うこと。

- 証拠もないのに、なぜ彼が犯人だと（　　　　　　）ことができるのですか。

B. 「〜切れる」をまとめてみましょう。

すり切れる、売り切れる——物が実際に切れること。なくなること。

- 長い間使っているので、かばんのひもがすり切れてきた。

II.

A. だらけ／まみれ　で終わる言葉を作ってみましょう。

不安だらけ⇒	＿＿＿だらけ	＿＿＿だらけ	＿＿＿だらけ
汗まみれ　⇒	＿＿＿まみれ	＿＿＿まみれ	＿＿＿まみれ

B. 並み [なみ] で終わる言葉を作ってみましょう。

① 町並み⇒　＿＿＿並み　＿＿＿並み　＿＿＿並み

② 人並み⇒　＿＿＿並み　＿＿＿並み　＿＿＿並み

C. 柄 [がら] で終わる言葉を作ってみましょう。

① 仕事柄⇒　＿＿＿柄　＿＿＿柄　＿＿＿柄

② 花柄　⇒　＿＿＿柄　＿＿＿柄　＿＿＿柄

D. 風 [ふう] ／ 式 [しき] ／ 型 [がた] で終わる言葉を作ってみましょう。

今風　⇒	＿＿＿風	＿＿＿風	＿＿＿風
旧式　⇒	＿＿＿式	＿＿＿式	＿＿＿式

<u>血液型</u>　⇒　＿＿＿＿型　　＿＿＿＿型　　＿＿＿＿型

Ⅲ. 身体の部分を使った表現（5）　意味を考えてみましょう。また、このほかにも「気」
を使った言い方を考えましょう。

気：気が遠くなる　　　　　　気になる　　　　　　　気がする
　　気を取り直す　　　　　　気に入る

第8課

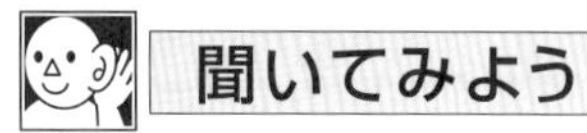 聞いてみよう

A　まず、質問をします。次に、表現に注意して会話を聞いてください。そして、質問に答え、会話の内容について話し合ってみましょう。

1.〔上司と部下〕

2.〔会社の同僚〕

B

1.　次の点について、メモを取りながら、**CD** を聞いてください。

（1）　場所

（2）　何が起こっている？

（3）　解決はいつ？

（4）　原因

（5）　これからどうする？

2.　次の質問に答えてください。

(1) (　　　　) 　(2) (　　　　) 　(3) (　　　　) 　(4) (　　　　) 　(5) (　　　　)

3.　自分のメモを見ながら、百五十～二百字くらいで会話の内容をまとめてください。

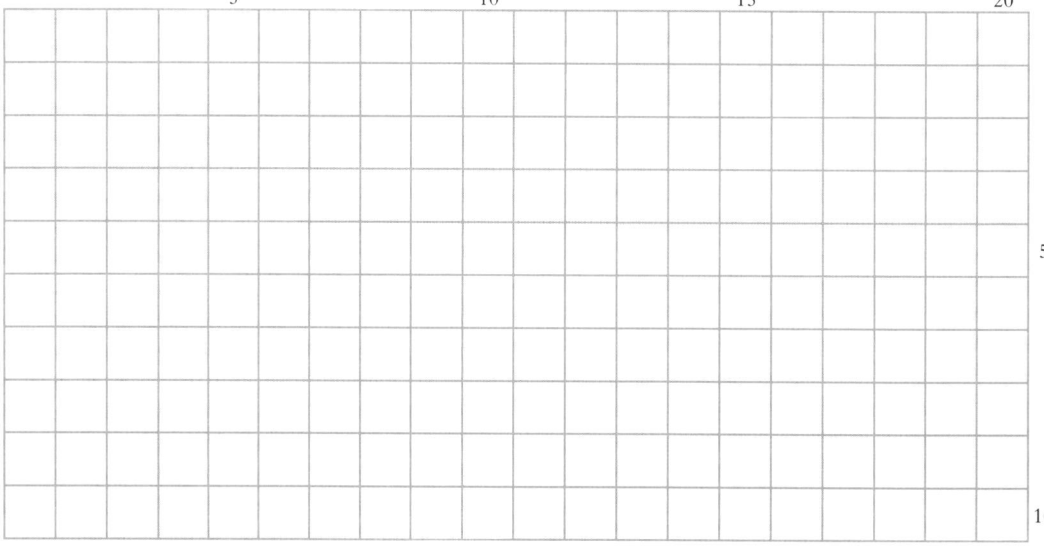

次の文を読んで、後の質問に答えてください。

小さな発表者たち

　小学校から電話だという。「小学校から・・・」A. いぶかしげな声を出す私に、「何かお願いがあるそうですよ」という妻の返事が返ってきた。私には子供も孫もいないから、小学校などとは縁がない。何の用なのだろうと思いながら電話に出ると、五年生を持っているという女の先生が話し始めた。

　この小学校では、数年前から、「お年寄りから学ぼう」という授業をしているという。個人であるいはグループで近くに住むお年寄りを招待して、子供たちの授業に参加してもらう。小学生たちは、お年寄りからいろいろなことを学び、お年寄りには今の小学校でどんなことをしているのかを知ってもらう。そうして、地域の子供たちとお年寄りの交流を図ろうというのが目的なのだそうだ。五年生の子供たちとどんな話ができるのだろうと思ったこともそうだが、それよりも年寄り扱いされたことに少々むっとして、「急なお話なので・・・」と B. 断るつもりで返事をした。しかし「今すぐお返事をいただく必要はありません。また、ご連絡させていただきます」と、相手の丁寧な対応に断るきっかけを失ったまま、ひとまず電話は終わった。

　それから数日経って、「先日はお電話で失礼いたしました」と、川田という名の先生が訪ねて来られた。特に何も準備しなくてもいい。子供たちが調べて発表する内容に、自分の思ったことを話してくれればいい。先生の説明を聞いて、「それならば」ということで、結局、川田先生のクラスに出かけ、今の小学生たちの授業を拝見することになった。

　当日、川田先生の案内で教室に入ると、子供たちが「おはようございまーす」と元気な声で迎えてくれた。子供たちの声につられて、私も思わず「おはようございます」と大きな声であいさつをして、授業が始まった。子供たちは、a. この授業のために、自分の住む町についていろいろ調べたのだという。いくつかのグループに分けられ、グループごとに発表をすることになっていた。「町の歴史」、「毎日の生活」や「現在の問題」など、グループごとにテーマを分担し、b. それが黒板に張り出されていた。今の五年生は、実にしっかりしているな。自分が同じ年のときにこんなに上手にできただろうか。きっと最近のコンピュータを導入した教育の成果なのだろうな。写真やグラフを使いながらテーマについて説明をする五年生を見て、すっかり感心してしまった。

　子供たちの発表する姿に何度も感心させられているうちに、ちょっとしたことが気になり始めた。「私たちのグループが『調べた』のは・・・」と言って発表される「調べた」内容が、どうやらインターネットを使って「調べた」内容らしいのだ。インターネットを使うことは決して悪いことではない。しかしながら、子供たちが説明に使う言葉の多くが難しい。子供の書いた文章らしく聞こえない。インターネットを使って探したどこかのホームページの一部を「コピー」した文を読んでいるんだなと思うと、小さな声で隣の子に漢字の読み方を尋ねる子がいることも C. 納得できた。

　定年を迎えるまでの数年間、会社に新しく入った人たちの教育を任されていた私は、「君、これは『調べた』んじゃなくて、『探した』って言うんだ」と、大きな声を出すことがあった。与えられたテーマについて発表をする若者たちを前にして、「『調べる』というのは、パソコンの前に座って、他人が調べた結果を取り出して、c. それを並べることじゃないんだ。これじゃまるで、どろぼうしてるようなもんだ」コンピュータに頼り切る若者に腹を立て、そんなことまで言った。一見したところ、グラフや写真がきれいに並べられているが、本人が実際に汗を流して「調べた」跡がない。ハードウエアもソフトウエアもどんどん進歩している。会社に入ってくる若者たちのコンピュータ操作の技術も、一年一年確実に上達している。しかし、汗を流して自らの手で集めた情報を使って自分の言葉で自分の考えを正確に述べられる若者の数はというと、どうだろうか。

　五年生が続ける発表を聞きながら、この子たちも同じような発表をする若者に育つのだろうか。「今日の発表を聞いてどうでしたか」と川田先生に尋ねられたら、d. そのことを子供たちに伝えるべきだろうか。伝えるとしたら、どんなふうに伝えればいいのだろうか。そんなことを考えているうちに、子供たちの発表の声がだんだん遠ざかっていった。

🌱 **新しい言葉**

ひとまず	あとで続けることにして、一度止めるときに使う言葉
つられる	人や物に影響される
感心する	心の底からよくできている、立派だなどと思う
任す	何かを他の人に頼んでしてもらう
上達する	上手になる

1.　上の文を理解するために、　　　　　に言葉や文を書いてください。

> 小学校からのお願い［←書いた人とテーマへのかかわりを述べ、本文への導入］
>
> 　　1．　小学校とは　①　のに、小学校から電話があり、　②　と　③　の交流クラスに出て欲しいと頼まれる。
>
> 　　2．　④　つもりだったが、　⑤　。

> 五年生のクラス［←本文テーマへの導入］
>
> 　　1．　生徒は自分の住む町について　⑥　。それが　⑦　ので、感心させられた。
>
> 　　2．　最近の　⑧　だろうと思ったが、そのうち　⑨　と思い始めた。

> これを書いた人の経験と考えたこと［←テーマについての主張］
>
> 　　1．　会社で新しく入った人の発表を聞いて、それは　⑩　ではなくて、　⑪　だけだと言ったことが何度もある。
>
> 　　2．　若者たちの　⑫　は上達しているが、　⑬　とは思えない。
>
> 　　3．　五年生の子供たちも将来　⑭　と思い、自分の考えを子供たちに　⑮　。

①　＿＿＿＿＿＿＿＿＿＿＿＿＿＿＿＿＿＿＿＿＿＿＿＿

②　＿＿＿＿＿＿＿＿＿＿＿＿＿＿＿＿＿＿＿＿＿＿＿＿

③　＿＿＿＿＿＿＿＿＿＿＿＿＿＿＿＿＿＿＿＿＿＿＿＿

④　＿＿＿＿＿＿＿＿＿＿＿＿＿＿＿＿＿＿＿＿＿＿＿＿

⑤　＿＿＿＿＿＿＿＿＿＿＿＿＿＿＿＿＿＿＿＿＿＿＿＿

⑥　＿＿＿＿＿＿＿＿＿＿＿＿＿＿＿＿＿＿＿＿＿＿＿＿

⑦　＿＿＿＿＿＿＿＿＿＿＿＿＿＿＿＿＿＿＿＿＿＿＿＿

⑧　＿＿＿＿＿＿＿＿＿＿＿＿＿＿＿＿＿＿＿＿＿＿＿＿

⑨　＿＿＿＿＿＿＿＿＿＿＿＿＿＿＿＿＿＿＿＿＿＿＿＿

⑩　＿＿＿＿＿＿＿＿＿＿＿＿＿＿＿＿＿＿＿＿＿＿＿＿

⑪　＿＿＿＿＿＿＿＿＿＿＿＿＿＿＿＿＿＿＿＿＿＿＿＿

⑫　＿＿＿＿＿＿＿＿＿＿＿＿＿＿＿＿＿＿＿＿＿＿＿＿

⑬　＿＿＿＿＿＿＿＿＿＿＿＿＿＿＿＿＿＿＿＿＿＿＿＿

⑭　＿＿＿＿＿＿＿＿＿＿＿＿＿＿＿＿＿＿＿＿＿＿＿＿

⑮　＿＿＿＿＿＿＿＿＿＿＿＿＿＿＿＿＿＿＿＿＿＿＿＿

2.　　　　　　　　を引いた a〜d について答えてください。

a.　「この授業」とはどんな授業ですか。

b. 「それ」は何のことですか。

c. 「それ」は何のことですか。

d. 「そのこと」の内容は何ですか。

3. ＿＿＿＿＿＿＿を引いた **A〜C** について答えてください。

A. 「いぶかしげな声」を出したのはどうしてですか。

B. 「断ろうと思った」のはどうしてですか。理由を二つ書いてください。

C. 何を、どう「納得した」のですか。

4. この文を書いた人が一番言いたいことは何ですか。次の中から選んでください。

a. 小学生の発表はコンピュータのおかげで若者の発表と変わらない。

b. 小学生の発表はホームページをコピーしたものばかりだ。

c. 調べるということは、他人が調べた結果を探して並べることだ。

d. 調べるということは、コンピュータの操作が上手になることではない。

I. 【動詞と助詞】　下から適切な動詞を選んで、必要に応じて形を変え、例のように
文を完成してください。（　　　）には、「は」以外の助詞が入ります。

〔一変する　覆す　成り立つ　阻む　結びつける　結ぶ　ゆだねる〕

例：一度会議で決まったこと（　を　）覆すのは簡単なことではない。

①　計画はうまくいっているように見えたが、突然状況（　　　）＿＿＿＿＿、
最悪の事態に陥った。

②　血液型の違い（　　　）個人の性格（　　　）まで＿＿＿＿＿考えるのは良く
ないと思う。

③　一九六四年、東京（　　　）大阪（　　　）約三時間半で＿＿＿＿＿東海道
新幹線が完成した。

④　手術が成功するかどうか、最後は医者（　　　）手（　　　）＿＿＿＿＿しか
ない。

⑤　選手たちを乗せたバスは大勢の客（　　　）＿＿＿＿＿、しばらく試合の会
場に入ることができなかった。

⑥　二つの国の友好関係（　　　）＿＿＿＿＿のは、共通の利益を求めているか
らにほかならない。

II. 【副詞】　下から適切な言葉を選んで、文を完成してください。

〔一切　さっさと　実に　なまじ　むっと〕

①　私はこの事件には（　　　　　　　）かかわっていない。

②　いつも真面目なスラシットさんが学校を休むなんて（　　　　　　　）珍しいこ
とだ。

③　「奥さん」と声をかけられると、独身の私は（　　　　　　　）してしまう。

④　「もう八時ですよ。（　　　　　　　）お風呂に入って寝なさい」と、毎晩同じこ
とを言われても、子供たちはなかなか寝ようとしない。

⑤　（　　　　　　　）勉強ができても、他人を思いやる気持ちがなければ、立派な
人にはなれない。

III. 【新しい言葉と表現】　適切な言葉や表現を選んでください。

①　週末も仕事で休みが取れないなんて、もう（　　　　　）だ。

　　　a. うんざり　　　　b. ぞっと　　　　　c. ひっそり　　　　　d. むっと

② 五千円（　　　）貸してくれないか。

　　　a. 大体　　　　　　b. 足らず　　　　　c. ばかり　　　　　d. 約

③ ニュンさんは外国の慣れない環境に影響されることなく、（　　　）で勉強を続けている。

　　　a. エピソード　　　b. コントロール　　c. ブーム　　　　　d. マイペース

④ このまま温暖化が進んだ百年後の地球のことを考えると（　　　）恐ろしい。

　　　a. 仮に　　　　　　b. 現に　　　　　　c. 実に　　　　　　d. 特に

⑤ 自分の物と他人の物が（　　　）できないようでは困ります。

　　　a. 区別　　　　　　b. 差別　　　　　　c. 判別　　　　　　d. 分類

⑥ そのニュースを聞いて、腹を（　　　）人々が抗議のために市役所の前に集まってきた。

　　　a. 抱えた　　　　　b. 立った　　　　　c. 立てた　　　　　d. 割った

⑦ 難しいことは難しいが、基礎さえしっかりできれば、やってやれない（　　　）。

　　　a. ことがない　　　b. ことでない　　　c. ことのない　　　d. ことはない

⑧ 宿題を（　　　）、本さえ忘れてくる学生がいる。

　　　a. したばかりに　　　　　　　　　　b. しないばかりか

　　　c. しようとばかりに　　　　　　　　d. せんばかりに

⑨ コンテストで賞を取った（　　　）、この絵はとてもよく描けている。

　　　a. おかげで　　　　b. せいで　　　　　c. だけあって　　　d. ばかりに

⑩ 最新の科学技術（　　　）、地球温暖化を止めることは可能だろう。

　　　a. からして　　　　b. としたら　　　　c. にしてみれば　　d. をもってすれば

IV.【大切な表現】　下から適切な表現を選んで、意味のある文を完成してください。

　　〔～あっての　～じゃあるまいし　～で済む　～と言っても過言ではない
　　　～としたら　～とばかりに　～ものか〕

① 子供（　　　　　　）、自分のことは自分でしなさい。

② もう我慢できない（　　　　　　）彼は席を立って、出て行った。

③ 留学生全員をその会に招待する（　　　　　　）、どれぐらいのお金がかかるのだろう。

④ 学生（　　　　　　）学校です。もっと学生のことを考えるべきです。

⑤ がんといっても発見が早かったので、今なら簡単な手術（　　　　　　）。

⑥ 両親からは期待されているが、そう簡単に優勝できる（　　　　　　）。

⑦　このまま環境問題が深刻化すれば、人類の未来はない（　　　　　　　）。

V．【もの（2）】　下から適切な表現を選んで、文を完成してください。

〔～というものではない　～もの　～ものか　～ものだ　～ものだろうか
　～ものとして　～ものなら〕

①　もう二度とあんな男と酒を飲んだりする（　　　　　　）。
②　大学に入れる（　　　　　）、入りたい。
③　学校に通いさえすれば、日本語が上手になる（　　　　　）。
④　この事件は先月大阪で起こった（　　　　　）。
⑤　何とかあの人と話をすることができない（　　　　　）。
⑥　「どうしてあの家の前を通りたくないの？」「だって、犬が怖いんだ
　（　　　　　）」
⑦　先生は学生がコンピュータについてある程度の知識を持っている
　（　　　　　）、説明を始めた。

言葉を増やそう

I.

A. 「〜立てる」をまとめてみましょう。

① 突き立てる——物を実際に立てること。

　•御飯におはしを突き立ててはいけません。

② 打ち立てる、押し立てる——ある物を作り上げること。

　•この本箱は自分で（　　　　　　　）て、作ったものです。

③ 言い立てる、飾り立てる、せき立てる——さかんにある事を行うこと。

　•マスコミが（　　　　　　　）ので、会社側も態度を改めた。

B. 「〜立つ」をまとめてみましょう。

① 突っ立つ、切り立つ——物が実際に立っていること。

　•十年ぶりにふるさとの駅に（　　　　　　　）。

② 生い立つ、におい立つ——物が下から上に出て来ること。

　•山と山の間から白い雲が（　　　　　　　）ている。

③ 浮き立つ、引き立つ——感情やその場の雰囲気が何かをきっかけに変わること。

　•真犯人が逮捕されたという警察の発表に記者室は沸き立った。

④ 思い立つ——瞬間的にある事が起こること。

　•木陰から突然鳥が（　　　　　　　）。

II.

A. 口［ぐち］／［くち］で終わる言葉を作ってみましょう。

① 改札口⇒　＿＿＿＿＿口　　　＿＿＿＿＿口　　　＿＿＿＿＿口

② 働き口⇒　＿＿＿＿＿口　　　＿＿＿＿＿口　　　＿＿＿＿＿口

③ 早口　⇒　＿＿＿＿＿口　　　＿＿＿＿＿口　　　＿＿＿＿＿口

④ 手口　⇒　＿＿＿＿＿口　　　＿＿＿＿＿口　　　＿＿＿＿＿口

⑤ 肩口　⇒　＿＿＿＿＿口　　　＿＿＿＿＿口　　　＿＿＿＿＿口

⑥ 甘口　⇒　＿＿＿＿＿口　　　＿＿＿＿＿口　　　＿＿＿＿＿口

B. 手［て］／［で］で終わる言葉を作ってみましょう。

① 右手　⇒　＿＿＿＿＿手　　　＿＿＿＿＿手　　　＿＿＿＿＿手

② <u>行く</u>手⇒ ＿＿＿＿手　　　＿＿＿＿手　　　＿＿＿＿手
③ <u>働き</u>手⇒ ＿＿＿＿手　　　＿＿＿＿手　　　＿＿＿＿手
④ <u>決め</u>手⇒ ＿＿＿＿手　　　＿＿＿＿手　　　＿＿＿＿手
⑤ <u>人</u>手　⇒ ＿＿＿＿手　　　＿＿＿＿手　　　＿＿＿＿手

C.　半 [はん] で終わる言葉を作ってみましょう。

① 半<u>世紀</u>⇒　半＿＿＿＿＿　　　半＿＿＿＿＿　　　半＿＿＿＿＿
② 半<u>製品</u>⇒　半＿＿＿＿＿　　　半＿＿＿＿＿　　　半＿＿＿＿＿

Ⅲ.「〜っとする」という表現の意味を考えてみましょう。

かっとする　　はっとする　　すっとする　　ほっとする　　ぞっとする　　むっとする

第 9 課

 聞いてみよう

A　まず、質問をします。次に、表現に注意して会話を聞いてください。そして、質問に答え、会話の内容について話し合ってみましょう。

1.　〔警察官とコンビニの店員〕
2.　〔上司と部下〕

B

1.　次の点について、メモを取りながら、**CD** を聞いてください。

（1）　場所
（2）　話している人
（3）　何をしている？
（4）　それはどうして？
（5）　先生はどんな話をしていた？

2.　次の質問に答えてください。

（1）（　　　　）　（2）（　　　　）　（3）（　　　　）　（4）（　　　　）　（5）（　　　　）

3.　自分のメモを見ながら、百五十〜二百字くらいで会話の内容をまとめてください。

次の文を読んで、後の質問に答えてください。

世界遺産とタコの足

　カンボジアにある世界遺産、アンコール・ワット。十二世紀から十三世紀にかけて、当時の建築技術の粋を駆使して建造されたこの寺院は、その発見のエピソードとともに、世界中に知られている。規模も美しさも、このアンコール・ワットとは比べものにならないが、A.全く別の理由で有名なのが、a.その近くにあるタ・ブロムという小さな石造りの寺院である。そこでは、全く驚く光景を目にすることになる。巨大なタコが太い足を伸ばして、何百年もの歳月を経た建物を捕まえているのである。タコの足に見えるのは太い木の根で、建物の周りだけではなく、積まれた石の間にも入り込み、石を割るほどの力を持つまでに成長する。b.その生命力の強さには測り知れないものがあり、その破壊力は人間の力がいかに小さなものかをあざ笑っているようにも見える。

　植物による破壊に脅かされているのは、何もc.ここに限ったことではない。古代マヤ文化を代表するジャガー神殿は、高いピラミッドの上に神殿が造られているが、この神殿も同じような被害を受けている。紀元九百年ごろから一千年眠ってきた神殿は、今、自然の破壊力に脅かされている。人類が築いた一番古い文明メソポタミア文明は、チグリス・ユーフラテス川の洪水と共に消え、ポンペイの町は、ベスビオ山の噴火で一瞬にして姿を消した。人類が長い時間をかけて築き上げてきた汗と努力の偉大なる結晶も、有無を言わさぬ自然の力の前では、滅びるほかに道はなかった。

　しかしながら、文化遺産を脅かしているのは巨大なタコの足、有無を言わさぬ自然の力ばかりではない。雨である。雨といっても、自然がもたらす恵みの雨ではなく、現代に生きる我々が作り出した酸性雨である。ヨーロッパでも、特に大気汚染がひどいアテネでは、パルテノン神殿など多くの歴史的建造物が大きな被害を受けている。一九六〇年代から始まったギリシャの工業化とともに大気汚染はひどくなる一方であり、神殿入口の女神カリアチッドは鼻を失い、身に付けた服のデザインもだんだん分かりにくくなってしまったほどだ。専門家によると、過去二十年から二十五年の間に B.古代建築が受けた被害は、それ以前の二千四百年の被害に相当するのだそうだ。インドには、タージ・マハールという世界で最も美しい建築物に数えられている世界文化遺産がある。十七世紀中ごろに真っ白な大理石で造られたものだ。その大理石が今輝きを失い、一部ではかべが落ちている。また、メキシコのマヤ文化の遺跡パレンケでは、神殿の内部に描かれた絵が落ち、石に書かれたマヤ文字も消えかかっている。いずれも、酸性雨が原因であり、d. その被害は、今、世界中に広がっている。自然の力と競うようにして、人類が人類の偉大な努力の結晶を脅かしている。

　さらに、現代に生きる我々は、世界遺産に代表される人類の知恵の結晶に、c. 大きな罪を犯している。人類の偉大な遺産を一目見たいと思う人たちが世界のあちらこちらから遺産を訪れる。そして、次々に写真を撮る。空気や人間の息に当たるだけでも、遺産への被害はどんどん進むという。人類の知恵の結晶を守り、共有するという面から言えば、少しでも多く一般の人たちが訪れることは収入の確保につながる。しかし、e. それは同時に被害をさらに進めることにもなる。

　人類が作り出した時間と知恵と努力の結晶である世界遺産が、今人類に問いかけている。世界遺産をどう守りますか。長い時間をかけて築き上げたみんなの財産を守るために、人類は自然とどう共生しますか。自然と人間からの被害に耐えながら、そう問いかけている。

🌱 新しい言葉

巨大な	とんでもなく大きい
あざ笑う	ばかばかしいという様子で相手のことを笑う
脅かす	人を恐ろしいという気持ちにさせる
噴火	山が爆発すること
滅びる	存在していた物がなくなる

1.　上の文を理解するために、______ に言葉や文を書いてください。

自然に脅かされる世界遺産 ［←典型的な例をあげて、テーマへの導入］
　1．タ・ブロムは ① で有名である。それは、人間の力を ② 。
　2． ③ や ④ なども自然の破壊力の例だ。

酸性雨被害［←人間による被害という本文のテーマ］

1.　＿⑤＿　や　＿⑥＿　などに酸性雨の被害が大きい。

2.　酸性雨による過去二十五年の被害は　＿⑦＿　に相当し、今や　＿⑧＿　。

人類の犯す罪［←本文のテーマをさらに違う面から考える］

1.　＿⑨＿　ば、世界遺産に影響が出るし、　＿⑩＿　だけでも、被害が進む。

2.　問題は、　＿⑪＿　ことが同時に　＿⑫＿　もなっていることだ。

結論［←読む人への問いかけ］

　世界遺産を　＿⑬＿　か、自然と　＿⑭＿　か、我々が考えなければならない問題だ。

① ＿＿＿＿＿＿＿＿＿＿＿＿＿＿＿＿＿＿＿＿＿＿＿＿＿

② ＿＿＿＿＿＿＿＿＿＿＿＿＿＿＿＿＿＿＿＿＿＿＿＿＿

③ ＿＿＿＿＿＿＿＿＿＿＿＿＿＿＿＿＿＿＿＿＿＿＿＿＿

④ ＿＿＿＿＿＿＿＿＿＿＿＿＿＿＿＿＿＿＿＿＿＿＿＿＿

⑤ ＿＿＿＿＿＿＿＿＿＿＿＿＿＿＿＿＿＿＿＿＿＿＿＿＿

⑥ ＿＿＿＿＿＿＿＿＿＿＿＿＿＿＿＿＿＿＿＿＿＿＿＿＿

⑦ ＿＿＿＿＿＿＿＿＿＿＿＿＿＿＿＿＿＿＿＿＿＿＿＿＿

⑧ ＿＿＿＿＿＿＿＿＿＿＿＿＿＿＿＿＿＿＿＿＿＿＿＿＿

⑨ ＿＿＿＿＿＿＿＿＿＿＿＿＿＿＿＿＿＿＿＿＿＿＿＿＿

⑩ ＿＿＿＿＿＿＿＿＿＿＿＿＿＿＿＿＿＿＿＿＿＿＿＿＿

⑪ ＿＿＿＿＿＿＿＿＿＿＿＿＿＿＿＿＿＿＿＿＿＿＿＿＿

⑫ ＿＿＿＿＿＿＿＿＿＿＿＿＿＿＿＿＿＿＿＿＿＿＿＿＿

⑬ ＿＿＿＿＿＿＿＿＿＿＿＿＿＿＿＿＿＿＿＿＿＿＿＿＿

⑭ ＿＿＿＿＿＿＿＿＿＿＿＿＿＿＿＿＿＿＿＿＿＿＿＿＿

2.　＿＿＿＿＿＿を引いた a〜e について答えてください。

a.　「その近く」とはどこの近くのことですか。

b.　「その生命力」とは何の生命力ですか。

c.　「ここ」はどこですか。

d. 「その被害」とはどんな被害のことですか。

＿＿＿＿＿＿＿＿＿＿＿＿＿＿＿＿＿＿＿＿＿＿＿＿＿＿

e. 「それ」とは何のことですか。

＿＿＿＿＿＿＿＿＿＿＿＿＿＿＿＿＿＿＿＿＿＿＿＿＿＿

3. ＿＿＿＿＿＿＿＿を引いた **A～C** について答えてください。

A. 「別の理由」とは何ですか。

＿＿＿＿＿＿＿＿＿＿＿＿＿＿＿＿＿＿＿＿＿＿＿＿＿＿

B. 「古代建築が受けた被害」とはどんな被害のことですか。

＿＿＿＿＿＿＿＿＿＿＿＿＿＿＿＿＿＿＿＿＿＿＿＿＿＿

C. 「大きな罪」の内容は何ですか。

＿＿＿＿＿＿＿＿＿＿＿＿＿＿＿＿＿＿＿＿＿＿＿＿＿＿

4. この文を書いた人が一番言いたいことは何ですか。次の中から選んでください。

a. 植物の力は計り知れないものがあり、石を割る力さえある。
b. 人類が築き上げてきた偉大な建築物も自然の力には勝てない。
c. 自然の力より人間の力の方が世界遺産に大きい被害を与えている。
d. 人類は世界遺産を守るために、何をするべきか考えなければならない。

I. **【動詞と助詞】** 下から適切な動詞を選んで、必要に応じて形を変え、例のように文を完成してください。（　　　）には、「は」以外の助詞が入ります。

〔あがめる　傷つける　凝らす　そびえる　たどる　抜ける　盛り上がる〕

例： うっかり口にした言葉で知らず知らずのうちに、他人（　を　）傷つけてしまうこともある。

① この足跡（　　　　）＿＿＿＿＿＿＿いけば、きっと犯人のいる場所が分かるはずだ。

② 酒を飲み、気分（　　　　）＿＿＿＿＿＿客たちはみんな踊り始めた。

③ 暗くてよく見えなかったが、目（　　　　）＿＿＿＿＿＿と、遠くに町が見えた。

④ 昔の人々は大きい木や石など（　　　）神（　　　　）＿＿＿＿＿＿、大切にした。

⑤ 長い松林（　　　　）＿＿＿＿＿＿と、そこには青い海が広がっていた。

⑥ 目の前（　　　）高く＿＿＿＿＿＿山を見上げ、私はしばしたたずんだ。

II. **【副詞】** 下から適切な言葉を選んで、文を完成してください。

〔一段と　いつしか　いよいよ　単に　脈々と〕

① 後一月もすれば（　　　　　　）卒業式だ。

② 年も変わって一月ともなると、（　　　　　　）寒さが厳しくなりましたね。

③ 茶道や華道の日本文化には昔から（　　　　　　）続いてきた伝統が生きている。

④ この事故の原因は（　　　　　　）個人のミスではなく、法律そのものが問題なのです。

⑤ 初めは大嫌いだったあの人のことが（　　　　　　）好きになっていた。

III. **【新しい言葉と表現】** 適切な言葉や表現を選んでください。

① （　　　　）に言えば、彼の答えは正しくない。

　　a. 厳密　　　　　b. 精密　　　　　c. 緻密　　　　　d. 綿密

② 済んだことは忘れよう。気持ちを（　　　　）、また初めからやり直そう。

　　a. 切り替えて　　b. 切り捨てて　　c. 切り取って　　d. 切り離して

③ 長い間（　　　　）を続けたアテネも結局、ローマに支配されてしまった。

　　a. 栄光　　　　　b. 栄養　　　　　c. 恩恵　　　　　d. 繁栄

④ この問題は複雑なので、いろいろな（　　　　）から調べてみる必要がある。

　　a. 曲面　　　　　b. 正面　　　　　c. 側面　　　　　d. 平面

⑤ 狭い部屋も少し（　　　）すれば、広く使える。
　　a. 応用　　　　　　　b. 駆使　　　　　　　c. 工夫　　　　　　　d. 制御

⑥ ここまで来たのだから、もう少し足を（　　　）、湖まで行こう。
　　a. 洗って　　　　　　b. 伸ばして　　　　　c. 運んで　　　　　　d. 引っ張って

⑦ 父の遺産（　　　）、新しい商売を始めた。
　　a. とともに　　　　　b. にしたがって　　　c. に基づいて　　　　d. をもとに

⑧ このゲームは老若男女（　　　）、どなたにでも楽しんでいただけます。
　　a. に限らず　　　　　b. にもかかわらず　　c. のみならず　　　　d. を問わず

⑨ 午前中の会議で取り引き先とのトラブルがようやく解決した（　　　）、午後
　　には工場で機械が止まるという問題が起きた。
　　a. かと思うと　　　　b. 途端　　　　　　　c. なり　　　　　　　d. や否や

⑩ 一緒に遊んだ幼いころの友達の顔をふるさとの景色（　　　）、懐かしく思い
　　出す。
　　a. とあいまって　　　b. とともに　　　　　c. につれて　　　　　d. を伴って

Ⅳ. 【大切な表現】　下から適切な表現を選んで、意味のある文を完成してください。

〔数限りない　〜たりとも　〜とあいまって　〜べく〕

① 公の金だから、一円（　　　　　　　）理由のはっきりしない使い方をすべきで
　　はない。

② このプロジェクトはバブル景気（　　　　　　　）、我が社に期待以上の大きな
　　利益をもたらした。

③ 成功の影には、（　　　　　　　）失敗の繰り返しがある。

④ 我が社は少しでも消費者の希望に応える（　　　　　　　）商品の開発を続けて
　　いる。

Ⅴ. 【する】　下から適切な表現を選んで、文を完成してください。

〔〜からして　〜としたら　〜として　〜にして　〜にしては
　〜にしてみれば　〜にしろ〕

① 三ヶ月しか勉強していない（　　　　　　　）、日本語が上手ですね。

② 私たちは環境問題を自分の問題（　　　　　　　）、考えなければなりません。

③ さすがにお金持ちは、はいている靴（　　　　　　　）、私たちのとは違います。

④ 帰国するか、日本で進学するか、どちら（　　　　　　　）、親に相談するつも
　　りです。

⑤　五十歳（　　　　　　　　）初めて、自分の家を持つことができました。

⑥　もし、あの人の言ったことが事実だ（　　　　　　　　　　）、大変なことになるだろう。

⑦　日本人には何でもないようなことかもしれませんが、私たち留学生
　　（　　　　　　　　）、深刻な問題です。

I.

A. 「〜つける」をまとめてみましょう。

① 寄せつける、結びつける、備えつける——離れないようにすること。

・かべに（　　　　　　）てあった地図が床に落ちていた。

② 乗りつける、押しつける、売りつける——ある事を強い調子で行うこと。

・日本のはるか南にあるこの国では、一年中太陽が強く（　　　　　　）。

③ やりつける、行きつける、食べつける——ある事を習慣的に行うこと。

・日ごろ（　　　　　　）ない酒を飲んで、頭が痛くなった。

II.

A. 形［けい］／［がた］で終わる言葉を作ってみましょう。

円柱形　⇒　＿＿＿＿＿形　　＿＿＿＿＿形　　＿＿＿＿＿形

卵形　　⇒　＿＿＿＿＿形　　＿＿＿＿＿形　　＿＿＿＿＿形

B. 面［めん］で終わる言葉を作ってみましょう。

① 床面　⇒　＿＿＿＿＿面　　＿＿＿＿＿面　　＿＿＿＿＿面

② 実用面⇒　＿＿＿＿＿面　　＿＿＿＿＿面　　＿＿＿＿＿面

C. ［さ］／［み］で終わる言葉を作ってみましょう。

重さ　⇒　＿＿＿＿＿さ　　＿＿＿＿＿さ　　＿＿＿＿＿さ

重み　⇒　＿＿＿＿＿み　　＿＿＿＿＿み　　＿＿＿＿＿み

III.

A. 単位

読み方を練習しましょう。

mm^2　cm^2　m^2　km^2　cm^3　m^3　km^3　ℓ　$\sqrt{}$　℃

B. 時代

西暦では、何年から何年ですか。

奈良（なら）　平安（へいあん）　鎌倉（かまくら）　室町（むろまち）　安土（あづち）　桃山（ももやま）　江戸（えど）　明治（めいじ）　大正（たいしょう）　昭和（しょうわ）　平成（へいせい）

第10課

 **聞いてみよう**

A まず、質問をします。次に、表現に注意して会話を聞いてください。そして、質問に答え、会話の内容について話し合ってみましょう。

1. 〔夫と妻〕

2. 〔友人同士〕

B

1. 次の点について、メモを取りながら、**CD** を聞いてください。

    （1）　場所

    （2）　話している人

    （3）　竹田さんの仕事

    （4）　ほかの二人の仕事

    （5）　みんなは学歴についてどう思って思っている？

2. 次の質問に答えてください。

  （1）（　　　　）　（2）（　　　　）　（3）（　　　　）　（4）（　　　　）　（5）（　　　　）

3. 自分のメモを見ながら、百五十〜二百字くらいで会話の内容をまとめてください。

読んでみよう

次の文を読んで、後の質問に答えてください。

る人間関係もできた。しかし、「みんな自分の居場所を探して」いた。授業の合間や遊びに出かけたとき、大声で笑いながら友人と過ごした時間、c.それはそれで楽しかった。しかしそれは、「ただその一時を楽しむ」人間関係であって、別れた後はみんな一人。別れてすぐに、また、携帯電話を使って話したり、メールのやりとりをしたりする。「僕もそうだったけれど、A.何か満たされない気持ちでいた」と、A君は大学時代の自分を、そして自分の周りの若者たちの姿を説明してくれた。

「自分で言うのも変ですが、ここに来て少し大人になったと思うんです」A君は、今の自分をそう語った。地元の人たちはよく感謝の気持ちを込めて「愛」とか「幸せ」という言葉を使う。自分の家族や友達のことを話すとき、生まれ育った町のことを話すとき、両親や友人を「愛している」と言い、自然に恵まれた町に生まれて「幸せだ」と明るい笑顔で言う。初めの間は、日本人があまり使わない言葉を耳にするたびに、少し意味が違うのだろうくらいに思っていたが、「豊かな自然」としっかりとした人間関係に支えられた「居場所」の形が見えるようになってきた。そして、d.そうした環境の中に「一緒に生きている人たち」のおかげで自分の生きる場所が与えられていることに感謝する町の人たちの気持ちが、少しずつ受け入れられ、A君自身にも「自分の居場所ができつつ」あるのだと言う。その居場所が築けるのは、自分の部屋が持てるからでもない。でも、自由に使える空間があるからでもない。家族や村の人たちの間に、夢や目標を共有できる人間関係があるからだと言う。「居場所」という言葉は使わないけれども、みんながしっかりと自分の生きる場所を持っていて、そこでひたむきに生きている。これからもフィリピンでの生活を続けるのかという質問に、「日本に帰ります」という言葉が返ってきた。B.意外な言葉が返ってきた。日本に帰って教師になる。そして、子供たちと夢や目標を共有しながら、自分が経験した「居場所」作りを日本で続けたいと思っているからだと言う。

■
■

今、若者が何を求め、どこに向かって生きているのか。それを解き明かすC.キーワードの一つが、A君の言う「居場所」ではないだろうか。

「若者は今」 最終回

~居場所探し~

「若者は今」最終回は、大学を卒業後フィリピンにある小さな村のNGOで働く若者を訪ねて話を聞いた。

■ ■

A君(24)は、一年予備校に通って、やっとの思いで希望の大学に合格した。しかし待っていたのは、「退屈な毎日」と「無気力な学生」だった。授業も面白くない。苦労して入学した大学での四年間を本当に有意義に過ごすために、A君は「必死で、熱中できること」を探した。そして、三年生の夏にインターンシップに参加し、今のNGO活動と出会った。

日本での就職も考えたが、最終的にA君が今の仕事を選ぶことになったのは、小さな村のこのNGOが「自分が必要とされている」と実感できる場所だと思ったからだと言う。このNGOでは、A君のように外国から、あるいは、地元から参加する同じような年齢の人間が集まって、同じ目標に向かって活動している。活動を始めて二年になるA君は今、「自分に何が求められているのか。次に、何をすればいいのか。自分で分かるんです。そして、本当に少しずつですが、自分のやったことの成果が見えるようになってきた」と言う。a.その成果を一緒になって喜んでくれ、励ましてくれる仲間たちもいる。そんな仲間たちと生きる毎日に、「ここでは、自分が必要とされているんだ」と強く感じると言う。

「ここに来て、自分の『居場所』を見つけたように思うんです」A君は、自らが必要とされる生活の場を「居場所」という言葉で説明してくれた。彼の場合、「文字通り『居場所』と言う意味では、家でも自分の部屋があったし、大学でも自由に使える空間はいつでも確保されてきた」が、b.そこには今のような人間関係はなかったと言う。同じ目的に向かって生きる人間関係。相手の成果を評価し合える人間関係。A君は、大学生活では、そうした人間関係を築くことができなかったと振り返る。大学でもアルバイト先でも人間関係ができなかった。友人と呼べ

1. 上の文を理解するために、＿＿＿に言葉や文を書いてください。

A君の紹介 [←記事で一番伝えたいことへの導入部分]

　1. 苦労して＿①＿が、＿②＿だった。それで＿③＿を探して、＿④＿と出会った。

　2. 今の仕事を選んだのは、＿⑤＿から。

A君の話の内容 [←記事で一番伝えたいこと]

　1. A君は今＿⑥＿と思っているし、＿⑦＿見つけたとも思っている。

　2. 大学時代、周りの皆も＿⑧＿ように思える。＿⑨＿もあったし、＿⑩＿もあったが、そこには＿⑪＿はなかった。

　3. ここの人たちは＿⑫＿て、＿⑬＿。それこそが「居場所」だと考えられる。それが築けるのは＿⑭＿からだ。

読む人への問いかけ [←記事を書いた人の結論、伝えたいこと]

　今の若者を理解する＿⑮＿は、＿⑯＿だ。

① ＿＿＿＿＿＿＿＿＿＿＿＿＿＿＿＿＿＿＿＿＿＿＿＿＿＿＿＿＿

② ＿＿＿＿＿＿＿＿＿＿＿＿＿＿＿＿＿＿＿＿＿＿＿＿＿＿＿＿＿

③ ＿＿＿＿＿＿＿＿＿＿＿＿＿＿＿＿＿＿＿＿＿＿＿＿＿＿＿＿＿

④ ＿＿＿＿＿＿＿＿＿＿＿＿＿＿＿＿＿＿＿＿＿＿＿＿＿＿＿＿＿

⑤ ＿＿＿＿＿＿＿＿＿＿＿＿＿＿＿＿＿＿＿＿＿＿＿＿＿＿＿＿＿

⑥ ＿＿＿＿＿＿＿＿＿＿＿＿＿＿＿＿＿＿＿＿＿＿＿＿＿＿＿＿＿

⑦ ＿＿＿＿＿＿＿＿＿＿＿＿＿＿＿＿＿＿＿＿＿＿＿＿＿＿＿＿＿

⑧ ＿＿＿＿＿＿＿＿＿＿＿＿＿＿＿＿＿＿＿＿＿＿＿＿＿＿＿＿＿

⑨ ＿＿＿＿＿＿＿＿＿＿＿＿＿＿＿＿＿＿＿＿＿＿＿＿＿＿＿＿＿

⑩ ＿＿＿＿＿＿＿＿＿＿＿＿＿＿＿＿＿＿＿＿＿＿＿＿＿＿＿＿＿

⑪ ____

⑫ ____

⑬ ____

⑭ ____

⑮ ____

⑯ ____

2. ＿＿＿＿＿＿を引いた **a〜d** について答えてください。

a. 「その成果」とはどんな成果ですか。

____

b. 「そこ」とはどこのことですか。

____

c. 「それ」は何のことですか。

____

d. 「そうした環境」とはどんな環境のことですか。

____

3. ＿＿＿＿＿＿を引いた **A〜C** について答えてください。

A. どうして「満たされない気持ち」だったのですか。

____

B. どうして「意外」だったのですか。

____

C. どうして「キーワード」だと言えるのですか。

____

4. この文を書いた人が一番言いたいことは何ですか。次の中から選んでください。

a. ＮＧＯ活動がなければ、Ａ君は大人になれなかった。

b. フィリピンの人たちは豊かな自然に感謝しながら生活をしている。

c. 人間が充実して生きていくには「居場所」が必要である。

d. 同じ目的に向かって生きる人間関係は一時を楽しむ人間関係だ。

 表現を磨こう

I. 【動詞と助詞】 下から適切な動詞を選んで、必要に応じて形を変え、例のように文を完成してください。（　　　）には、「は」以外の助詞が入ります。

〔合格する　越す　抱き合う　費やす　熱中する　巻き込む　見逃す　両立する〕

例：この仕事を断るなんて、せっかくの機会（　を　）見逃すようなものだ。

① 全然関係のない子供が事件（　　　）＿＿＿＿＿＿＿＿という話を聞き、胸が痛んだ。

② 中学生の息子は今ギター（　　　　）＿＿＿＿＿＿。

③ 勉強（　　　）アルバイト（　　　　）＿＿＿＿＿＿のは大変なことだ。

④ この季節になると、志望校（　　　）＿＿＿＿＿＿、友人たち（　　　　）
＿＿＿＿＿＿喜ぶ受験生の姿が報道される。

⑤ 中国からの学生は漢字の勉強（　　　）時間（　　　　）＿＿＿＿＿＿必要がない
ので、うらやましい。

⑥ この山（　　　）＿＿＿＿＿＿と、これまでとは全く違った景色が見られます。

II. 【副詞】 下から適切な言葉を選んで、文を完成してください。

〔一応　いやおうなく　いわば　延々と　思い切り　がっくりと　何としても　やがて〕

① 大学の試験に落ちたら、（　　　　　　　）帰国しなければならなくなる。

② 大学に入ったら、（　　　　　　　）遊ぶつもりだ。

③ 校長先生の話が（　　　　　　　）続いたので、眠くなってしまった。

④ 課長から「来月九州へ転勤だ」と言われ、同僚の中田は（　　　　　　　）肩を
落とした。

⑤ 留学で六年間過ごした大阪は私にとって（　　　　　　　）「第二のふるさと」だ。

⑥ 今は無理でも、自分が経営に携われば、（　　　　　　　）分かるようになるでしょ
う。

⑦ 優勝するためには、この試合に（　　　　　　　）勝たなければならない。

⑧ 週末に予定があると言っていましたが、（　　　　　　　）チンさんもパーティ
に誘ってみましょう。

III.【新しい言葉と表現】 適切な言葉や表現を選んでください。

① せっかくの夏休みだから、少し羽を（　　　）と思う。
　　a. 抜こう　　　　　b. 伸ばそう　　　　c. 広くしよう　　　　d. 休めよう

② 一生懸命練習をしている選手たちは、正に青春を（　　　）といった感じだ。
a. おう歌している　b. 苦しんでいる　　　c. 模索している　　　d. 喜んでいる

③ 小さな門を（　　　）と、そこには古い教会が建っていた。
a. 行く　　　　　　b. くぐり抜ける　　　c. 見る　　　　　　d. 渡る

④ 物心が（　　　）ころには、父はもう亡くなっていました。
a. 落ち着く　　　　b. 覚える　　　　　　c. つく　　　　　　d. なくなる

⑤ 家事の合間を（　　　）、趣味の詩を楽しんでいます。
a. 置いて　　　　　b. 探して　　　　　　c. 縫って　　　　　　d. 休んで

⑥ どんなにやりたがっても、心を（　　　）にして、息子にはゲームをさせない
ようにしている。
a. 鬼　　　　　　　b. 氷　　　　　　　　c. 冷たく　　　　　　d. 母

⑦ 万一失敗して、全部お金がなくなっても、また、一から頑張ってやる（　　　）。
a. 限りだ　　　　　b. からだ　　　　　　c. ばかりだ　　　　　　d. までだ

⑧ 体の調子は特別良いというわけでもなく、まあまあ（　　　）。
a. といったところだ　　　　　　　　b. と言っても過言ではない
c. に越したことはない　　　　　　　d. を余儀なくする

⑨ あの人は体が大きい（　　　）、力がないね。
a. からして　　　　b. にしては　　　　　c. にしてみれば　　　d. 割には

⑩ 朝急いでいた（　　　）、大切な書類をうちに忘れてきてしまった。
a. ものか　　　　　b. ものだから　　　　c. ものなら　　　　　d. ものの

IV.【大切な表現】　下から適切な言葉を選んで、意味のある文を完成してください。

〔あまりの〜　　〜に越したことはない　〜につけ　〜までだ　〜余儀なくする〕

① 会社の人間関係が悪化し、その影響を受けて、転勤を（　　　　　　）。

② 一分でも長く勉強する（　　　　　　）。

③ せっかく彼女が作ってくれた料理だが、（　　　　　　）辛さに、食べること
ができなかった。

④ 子供たちの遊ぶ姿を見る（　　　　　　）、今の平和を守らなければと思う。

⑤ 誰もその仕事をしないのなら、私がやる（　　　　　　）。

V.【原因・理由】　どちらか適切な方を選んでください。

① お母さん、おなかすいた（から・ので）、早くご飯食べよう。

② 先生の（おかげで・せいで）試験に合格しました。

③　今まで努力してきた（ばかりに・だけに）試合に勝てなかったのはとても残念だ。

④　友人が熱心に勧めてくれた（ばかりに・ものだから）、断れなくなってしまった。

⑤　あれだけいい結果を出した（以上・からには）相当の努力をしたのだろう。

I.

A. 「～かねる」をまとめてみましょう。

答えかねる、見かねる、耐えかねる——ある事をしようと思ってもできないこと。難しいこと。

- 旅行に行こうか、どうしようか、（　　　　　　　）ている。

B. 「～かねない」をまとめてみましょう。

盗みかねない、殺しかねない——良くない事をする、良くない事が起こる可能性があること。

- ちょっとしたミスで大事故が（　　　　　　　）。

II.

A. 下 [か] で終わる言葉を作ってみましょう。

① 県下　⇒　＿＿＿＿＿下　　　＿＿＿＿＿下　　　＿＿＿＿＿下

② 影響下 ⇒　＿＿＿＿＿下　　　＿＿＿＿＿下　　　＿＿＿＿＿下

B. 感 [かん] ／ 観 [かん] で終わる言葉を作ってみましょう。

① 悲壮感 ⇒　＿＿＿＿＿感　　　＿＿＿＿＿感　　　＿＿＿＿＿感

② 人生観 ⇒　＿＿＿＿＿観　　　＿＿＿＿＿観　　　＿＿＿＿＿観

C. 部 [ぶ] で終わる言葉を作ってみましょう。

① 中央部 ⇒　＿＿＿＿＿部　　　＿＿＿＿＿部　　　＿＿＿＿＿部

② 工学部 ⇒　＿＿＿＿＿部　　　＿＿＿＿＿部　　　＿＿＿＿＿部

III. 次の副詞と一緒に使う動詞を考えてみましょう。

めちゃめちゃに＿＿＿＿	ピリピリ（と）＿＿＿＿	てくてく＿＿＿＿
もやもや（と）＿＿＿＿	うっそうと＿＿＿＿	さっさと＿＿＿＿
脈々と＿＿＿＿	クシャクシャに＿＿＿＿	がっくりと＿＿＿＿
ぼう然と＿＿＿＿	延々と＿＿＿＿	

第11課

A　まず、質問をします。次に、表現に注意して会話を聞いてください。そして、質問に答え、会話の内容について話し合ってみましょう。

1.　〔職場の同僚〕

2.　〔夫と妻〕

B

1.　次の点について、メモを取りながら、**CD** を聞いてください。

（1）　場所

（2）　話している人

（3）　誰のことを話している？

（4）　女の人が心配していることは？

（5）　それはどうして？

2.　次の質問に答えてください。

（1）（　　　　）　（2）（　　　　）　（3）（　　　　）　（4）（　　　　）　（5）（　　　　）

3.　自分のメモを見ながら、百五十～二百字くらいで会話の内容をまとめてください。

次の文を読んで、後の質問に答えてください。

生きる

　「私たちは、あちらこちらへ旅をするのですが、雨の多い時期には、どこへも出かけません」。当時のビルマ（今のミャンマー）で出会ったお坊さんが語ったこの言葉が、自然とともに生きるということ、一つ一つの命を大切に育てるということがどういうことなのかを教えているとは、聞いてすぐには分からなかった。「どういうことですか」との私の問いに、こんな意味の答えが返ってきた。

　　——ビルマの雨期は大変雨が多くて、各地で川があふれる。そして、a. この時期はまた、ちょうど草や木に新しい命が生まれるころでもある。そんなときに旅を続けると、自分が気付かない所でこの新しい生命を踏みつぶし、殺してしまうことになる。動物も植物も、どんな小さな生き物でも、その命の価値は変わらない。我々は、その貴重な命に助けられながら生きている。自らの命を大切にするのと同じように、ほかの動物や植物の命に感謝し、大切にしなければならない。だから、旅をするのは、命を踏みつぶす恐れのない雨の降らない時期なのだ——

　私は、この話を聞いてすぐには言葉が出なかった。というのは、生命という物について、もう一度考えさせられることも b. その理由なのだが、それよりも、以前アメリカンインディアンの医者だという人から、A. 生命についてあまりにも似た話を聞いていたからである。彼は、こんな話をしていた。

　　——アメリカンインディアンは、自然に存在するすべての生き物に、すう高な神がいて、人間と同じ価値の命があると考え、それを大切にし、祈る。自分は医者として、病気の治療には、化学薬品は使わない。薬は、昔から伝えられている草や木の一部を原料にした物を使う。それぞれの神に許しを得、感謝の気持ちを伝えた上で、草や木が持つ生命のエネルギーを借りるのである。人間には、生まれたときから病気を治す力が備わっている。草や木の持つ生きるエネルギーを、病気のとき、少しだけ貸してもらうのである——

　自然や命に対しては、北海道に住むアイヌの人たちと非常によく似た考え方をしていると言う彼は、今、アイヌの人たちのことをもっと深く勉強しようと考えているんだと話を結んだ。

　生命に関してのこんな話が偶然重なったことがきっかけとなって、私は、一体、自分自身は自然や命に対してそれまでどんなふうに思っていたのだろうと考えてみた。結論から言えば、いつ、どこで、どんなふうに身に付いた考えなのか分からないが、私も、自然や命についてよく似た考えを持っていることに気が付いた。田舎で育ったからなのかもしれないが、私の描く自然に対する人間のイメージは、自然とともに、自然に抱かれるようにして生きていく姿である。自然が授けた生命を大切にし、動植物と自然を共有して生きていくというものである。

やれ打つな　ハエが手を擦る　足を擦る

　この有名な俳句も、そんな、私たちの B. 生命に対するかかわりを表したものだ。作者は、簡単に命を奪ってしまうことさえ少なくない小さな存在のいとおしさをじっと見つめている。c. その姿には、草や木の生命を、同じ価値を持った大切な存在としてないがしろにすることのないビルマのお坊さんや、全ての生き物のうちにいる神に祈るアメリカンインディアンの人たちの姿が重なる。そして、ちっぽけな存在でありながらも、精一杯生きるハエや草木の向こうに見据えられている物は、私たちすべてを生かし続ける自然であり、それを作り出した神や仏のような大きな存在に違いない。

　私たちは、どこかで C. 大きな忘れ物をしてしまったようである。与えられたお互いの命を平等の価値を持った物と考え、大切に扱ってきた人間。命ある物が生き続けることに、限りなく感謝の気持ちを抱き、自然を共有してきた人間。偉大な自然に解け込むようにしてありのままの姿で生き続けてきた人間。現代という時代を見てみると、d. そんな人間の姿が、自然や命に対する姿勢が、いつの間にかどこかに置き去りにされてしまっている。そんなふうに思えるのである。

1. 上の文を理解するために、＿＿＿に言葉や文を書いてください。

ビルマのお坊さんの話 [←本文のテーマに直接関係のあるエピソード]

1. 雨の多い時期には ① 。

2. それは、 ② から。

3. ③ や ④ も命について同じように考える。

この文を書いた人の考え [←この文のテーマとなる部分]

1. ⑤ 同じような考えを持っている。

2. 人間は ⑥ と自然を共有して生きている。

俳句 [←同じような考えの紹介で、結論につながる]

1. 作者の物の見方は ⑦ や ⑧ につながる。

2. それは、 ⑨ ということだ。

結論

人間は、与えられた命を ⑩ と考え、 ⑪ なければならない。

① ＿＿＿＿＿＿＿＿＿＿＿＿＿＿＿＿＿＿＿＿＿＿＿＿＿＿＿＿＿

② ＿＿＿＿＿＿＿＿＿＿＿＿＿＿＿＿＿＿＿＿＿＿＿＿＿＿＿＿＿

③ ＿＿＿＿＿＿＿＿＿＿＿＿＿＿＿＿＿＿＿＿＿＿＿＿＿＿＿＿＿

④ ＿＿＿＿＿＿＿＿＿＿＿＿＿＿＿＿＿＿＿＿＿＿＿＿＿＿＿＿＿

⑤ ＿＿＿＿＿＿＿＿＿＿＿＿＿＿＿＿＿＿＿＿＿＿＿＿＿＿＿＿＿

⑥ ＿＿＿＿＿＿＿＿＿＿＿＿＿＿＿＿＿＿＿＿＿＿＿＿＿＿＿＿＿

⑦ ＿＿＿＿＿＿＿＿＿＿＿＿＿＿＿＿＿＿＿＿＿＿＿＿＿＿＿＿＿

⑧ ＿＿＿＿＿＿＿＿＿＿＿＿＿＿＿＿＿＿＿＿＿＿＿＿＿＿＿＿＿

⑨ ＿＿＿＿＿＿＿＿＿＿＿＿＿＿＿＿＿＿＿＿＿＿＿＿＿＿＿＿＿

⑩ _______________________________________

⑪ _______________________________________

2. __________を引いた **a～d** について答えてください。

a. 「この時期」とはどんな時期のことですか。

____

b. 「その理由」は何ですか。

____

c. 「その姿」はどんな姿のことですか。

____

d. 「そんな人間」とはどんな人間のことですか。

____

3. __________を引いた **A～C** について答えてください。

A. 「似た話」とは、何と似た、どのような話ですか。

____

B. 「生命に対するかかわり」とは俳句の作者のどのような姿勢ですか。

____

C. 「大きな忘れ物」とは何ですか。

____

4. この文を書いた人が一番言いたいことは何ですか。次の中から選んでください。

a. すべての命を平等の価値を持った物と考え、大切に扱った方がいい。

b. 動物や植物の命より、人の命の方を大切にした方がいい。

c. 人間は自然をうまく利用し、生活していった方がいい。

d. 人間にとって自然は必要な物であり、大切にしなければならない。

I. 【動詞と助詞】　下から適切な動詞を選んで、必要に応じて形を変え、例のように文を完成してください。（　　　）には、「は」以外の助詞が入ります。

〔切り捨てる　去る　絶望する　宣告する　尊重する　尽きる　解け込む〕

例：新しい学生はもうすっかりクラス（　に　）解け込んでいる。

① 将来（　　　）＿＿＿＿＿＿、自殺をする若者が増えている。

② 石油や石炭などのエネルギー（　　　）＿＿＿＿＿＿前に、新しいエネルギー源を開発しなければならない。

③ 教師は成績の良くない子供（　　　）＿＿＿＿＿＿のではなく、一人ひとりの個性（　　　）＿＿＿＿＿＿、教育すべきだ。

④ 医者はその患者（　　　）がん（　　　）＿＿＿＿＿＿。

⑤ 部長は事故の責任を取り、長い間勤めた会社（　　　）＿＿＿＿＿＿決断をした。

II. 【副詞】　下から適切な言葉を選んで、文を完成してください。

〔あまりにも　精一杯　即座に　ひしひしと　無断で〕

① 試合には負けましたが、（　　　　　）やったので、満足しています。

② 四つの血液型で人の性格を分けるなんて、（　　　　　）いい加減だ。

③ 彼の言葉から、その悲しみが（　　　　　）伝わってくる。

④ 今度また失敗でもしようものなら、（　　　　　）リストラでしょうね。

⑤ この部屋のコンピュータを（　　　　　）使ってはいけません。

III. 【新しい言葉と表現】　適切な言葉や表現を選んでください。

① 彼の話を聞いていると、自然にほほえましい家族団らんの（　　　）が浮かんできます。

　　a. 景色　　　　　　b. 事情　　　　　　c. 状況　　　　　　d. 情景

② 今やっていることに、（　　　）を見いだすことができない。

　　a. 意義　　　　　　b. 意見　　　　　　c. 意思　　　　　　d. 意識

③ その話題に（　　　）と、彼女はいつも怒り出す。

　　a. 書く　　　　　　b. 載せる　　　　　　c. 述べる　　　　　　d. 触れる

④ 長い間議論したが、やるかやらないかは社長の（　　　）次第だ。

　　a. 結果　　　　　　b. 結局　　　　　　c. 決断　　　　　　d. 結論

⑤　八千メートルの山々を前にして、その（　　　　）姿に感動した。
　　　a. 寛容な　　　　　　　b. すう高な　　　　　　c. 排他的な　　　　　　d. 物静かな
⑥　しっかりと将来を（　　　　）、きちんと生活設計をしましょう。
　　　a. 思って　　　　　　　b. 考慮して　　　　　　c. 見据えて　　　　　　d. 見て
⑦　かみなりが落ちて、工場の中の機械（　　　　）機械がすべて止まってしまった。
　　　a. いわば　　　　　　　b. いわゆる　　　　　　c. という　　　　　　　d. といった
⑧　大学受験が迫っているので、今は一時間（　　　　）無駄にできない。
　　　a. こそ　　　　　　　　b. たりとも　　　　　　c. ばかり　　　　　　　d. ほど
⑨　留学生会の代表を選ぶなら、チンさん（　　　　）。
　　　a. に違いない　　b. にほかならない　　c. よりほかない　　d. をおいてほかにない
⑩　今日はパートの仕事中に失敗ばかりしてしまい、一日中（　　　　）だった。
　　　a. しかられたきり　　　　　　　　　　b. しかられたなり
　　　c. しかられたまま　　　　　　　　　　d. しかられっ放し

IV. 【大切な表現】　下から適切な表現を選んで、意味のある文を完成してください。

〔～が故　　～だに　　～という～　　～に当たり　　～よりほかない
　　～をおいてほかにない〕

①　大統領が殺されるなんて、想像（　　　　　　　）しなかった。
②　社長に決断を迫る勇気があるのは、田中さん（　　　　　　　）
③　卒業（　　　　　　　）、一言先生方にごあいさつを申し上げます。
④　あの人が会社を辞めたのは家族のことを考えた（　　　　　　　）の行動に違いない。
⑤　珍しい草を求めて山（　　　　　　　）山を探して回った。
⑥　一部の人に知られたからには、公表する（　　　　　　　）だろう。

V. 【こと (1)】　下から適切な表現を選んで、[　　]の言葉を使って文を完成してください。

〔～ことがある　　～ことから　　～ことだ　　～ことだから　　～ことなく
　　～ことに　　～ことにしている　　～ことになっている〕

例：一度だけ富士山に（登ったことがある）。[登る]
①　この学校では、授業に遅れた学生は理由を事務所に（　　　　　　　）。[届け出る]
②　健康のために、毎朝一時間ほど（　　　　　　　）。[歩く]
③　（　　　　　　　）、このどろぼうは何度も同じ家に入って、金を盗んでいたよう

だ。［あきれる］

④　疲れを取るためには、よく（　　　　　　　　　）。［眠る］

⑤　留学生活の思い出は、いつまでも（　　　　　　　　　）彼らの心に残るでしょう。
　　［消える］

⑥　「酒の（　　　　　　　　　）、少々失礼なことをしても許される」と考えている日本
　　人は多いようだ。［席］

⑦　校長が酒を飲んで事故を（　　　　　　　　　）、学校中が大騒ぎになった。［起こす］

I.

A.　「〜込める」をまとめてみましょう。

①　押し込める、塗り込める──ある物を中に入れて、出られなくすること。

　・子供のころ悪い事をすると、よく真っ暗な部屋に（　　　　　　　）られた
ものだ。

②　やり込める、言い込める──相手が何も言えなくなるまで強く言うこと。

　・山田さんは奥さんとけんかをしてはいつもやり込められている。

B.　「〜込む」をまとめてみましょう。

①　吸い込む、押し込む、刻み込む──ある物を中に入れること。

　・かぜでのどがひどく痛み、薬を（　　　　　　　）のにも苦労する。

②　踏み込む、入り込む、忍び込む──ある物が中に入ること。

　・新しい学生はもうすっかりクラスに（　　　　　　　）。

③　信じ込む、思い込む──十分な程度まである事を行う、または、ある状態に
なること。

　・ひさしぶりに友達に会い、時間が経つのを忘れて（　　　　　　　）でしまっ
た。

II.

A.　物 [もの] で始まる言葉を作ってみましょう。

物静か　　⇒　　物＿＿＿＿＿＿＿　　　　物＿＿＿＿＿＿＿　　　物＿＿＿＿＿＿＿
物知り　　⇒　　物＿＿＿＿＿＿＿　　　　物＿＿＿＿＿＿＿　　　物＿＿＿＿＿＿＿

B.　越し [ごし] で終わる言葉を作ってみましょう。

①　レンズ越し　⇒　＿＿＿＿＿＿＿越し　＿＿＿＿＿＿越し　＿＿＿＿＿＿越し

②　二年越し　　⇒　＿＿＿＿＿＿＿越し　＿＿＿＿＿＿越し　＿＿＿＿＿＿越し

C.　真 [ま] ／ [まっ] で始まる言葉を作ってみましょう。

真正面　　⇒　真＿＿＿＿＿＿＿　　　真＿＿＿＿＿＿＿　　　真＿＿＿＿＿＿＿
真っ青　　⇒　真っ＿＿＿＿＿＿　　　真っ＿＿＿＿＿＿　　　真っ＿＿＿＿＿＿

Ⅲ. 動詞「つける」には様々な使い方があります。どんな名詞と一緒に使われるか考えてみましょう。

例 1： 電気 (を) つける

__________（　　　　）つける　　　　　__________（　　　　）つける

__________（　　　　）つける　　　　　__________（　　　　）つける

例 2： 運命づける

__________づける　　　　__________づける　　　　__________づける

第12課

 **聞いてみよう**

A　まず、質問をします。次に、表現に注意して会話を聞いてください。そして、質問に答え、会話の内容について話し合ってみましょう。

1.　〔恋人同士〕
2.　〔母と娘〕

B

1.　次の点について、メモを取りながら、**CD** を聞いてください。

　（1）　場所
　（2）　話している人
　（3）　猿と暮らす男の人の仕事は？
　（4）　話を聞く二人の考え
　（5）　猿と暮らす男の人の考え

2.　次の質問に答えてください。

　（1）（　　　　）　（2）（　　　　）　（3）（　　　　）　（4）（　　　　）　（5）（　　　　）

3.　自分のメモを見ながら、百五十〜二百字くらいで会話の内容をまとめてください。

次の文を読んで、後の質問に答えてください。

小学校教育へのユニークな取り組み（続き）
―「猫の目クラス」からのレポート―

2.「猫の目クラス」の成果

　「猫の目クラス」一番の成果は、生徒が「立場を変え、見方を変えて考えてみよう」という姿勢を学ぶ点であるが、a. その典型的な例が「動物の目」をテーマにして六年生クラスで実施された授業である。この授業では、五つのグループに分けられた生徒が、自分たちの選んだ動物の目を通して人間社会を見るという体験をした。ただし、このクラスでは、以前に動物や植物の目を通して人間社会を見るという授業を行っていたので、今回の授業では、動物の目を通して人間と動物の関係はどうあるべきかを考えるという少し A. 限られたテーマが与えられた。

　各グループによって選ばれた動物は、牛、豚、猿、犬、象であった。牛と豚を選んだグループでは、食用に飼育される動物の問題が扱われた。牛グループの一人はクローン牛を扱い、人間の得手勝手さを批判した。「外を自由に歩けるようにして欲しい。外の世界が見たい」と豚グループも、豚に代わって同じように人間の勝手さを批判した。猿グループは、動物実験の対象にされる身になって人間の理不尽さを扱い、犬、象グループは、ペットの悲しさ、動物園で飼われる動物の苦しみについて発表した。

　グループ発表のいずれにも共通して言えることは、人間が自らの勝手な理由から動物を利用し、虐待しているが、その扱いを反省しなければならないという立場をとっているということである。しかし b. それは、日常生活で肉を食料として消費し、ペットを飼い、動物園で珍しい動物に歓声を上げる生活が当たり前の生徒たちにとって、動物の目を通して見た人間の姿がいかに思いがけぬ大きな発見であったかということの裏返しであると理解できる。動物の目を通して見た動物と人間の関係を、今度は、人間の目を通して見直したとき、生徒たちの動物へのまなざし、動物の扱いは、それまでとは大きく変わっているに違いない。こうした姿勢を育てることこそが、「研究会」が目指す B.「猫の目クラス」の成果である。

まとめ

　S 小学校で六年間にわたって実施されてきた「猫の目クラス」への取り組みについて述べてきた。「立場を変え、見方を変えて考えてみよう」を目標としたこの取り組みが、実際のクラスでどのような授業として実施され、どのような成果を上げてきたかについて詳しく述べてきた。ここでは、その成果を「境界」「異文化」をキーワードとしてまとめ、この取り組みが国際理解教育などへの導入教育として秘めている可能性について述べる。

　「立場を変え、見方を変えて考えて」みることは、実は、自らの周りに存在する様々な境界を越えて、その向こう側の世界、すなわち、異文化に身を置いてみる試みである。人間が動物や植物の立場に立って人間を見直す試みは、国、人種、民族、言語、性別、世代、職業の異なる人の立場から自らの存在を見つめ直し、障害者の立場から自らの日常を考え直すことにつながる。そうした試みを続けた成果として期待されることは、自らの存在も境界の向こう側の存在にとっては異文化であるとの認識を持ち、自らの立場をより客観的に見られるようになることである。自らがかけがえのない貴重な存在であると知ることは、境界の向こう側の存在も自らと対等であるべきだとの認識を持つことになる。実際に、「猫の目クラス」の成果に既に c. その点が見られることは、上に述べた通りである。

　異なる存在を理解し、境界の向こう側の存在を尊重する姿勢を育てることは、正に、国際理解教育や人権教育が目指す目標であり、「猫の目クラス」への取り組みは、d. それへの導入教育としての重要な役割を果たすものだと考えられる。S 小学校での六年間の取り組みは、まだ生徒と一緒に作り上げている段階であり、そこに至るまでの成果を上げているとは言えない。「研究会」のこれからの課題として、ここではその C. 可能性に触れるに留め、レポートのまとめとする。

🌱 新しい言葉

理不尽さ	決まりに合わず、納得できないこと
裏返し	反対、逆の例となるもの
まとめる	理解しやすいように秩序正しく述べる
課題	解決しなければならない問題
留める	残しておく、先には行かない

1.　上の文を理解するために、　　　　　に言葉や文を書いてください。

はじめに［←レポート全体の流れを紹介する］

　Ｓ小学校では、一九九六年から障害を持つ人たちの理解を目的に、体験学習を続けてきた。それが、一人の生徒の意見をきっかけに、現在の「猫の目クラス」につながった。初めは、三年生のクラスだけだったが、始まって六年。今は、学校全体の取り組みになっている。それは、国際理解教育などへの導入として大きな役割を果たすと考えられているからである。

「猫の目クラス」の発展［←はじめにで紹介した点の詳しい説明］

1)「猫の目」から「猫の地図」へ

　立場を変えて物を見てみようと始まったこのクラスでは、生徒にとっても先生にとっても大きな発見や驚きがあった。その結果、「猫の目クラス」と名前を付けて、いろいろな形で授業をすることになった。

2) 小学校全体での取り組み

　上のような結果が教師研修会で発表され、「猫の目クラス」研究会が組織された。発見や驚きがあることから生徒が生き生きと授業に参加すること、国際理解教育などへの導入としての役割が考えられることから、学校全体で取り組むことになった。

「猫の目クラス」が目指す成果［←クラスの実際の例を上げ、成果を証明する］

　1.「猫の目クラス」一番の成果は　①　。

　2.　その良い例が　②　で、　③　など動物の立場から人間社会を見ることを試みた。

　3.　発表に共通していたのは、　④　である。

　4.　この結果は、　⑤　生徒たちにとっては　⑥　と考えられ、「猫の目クラス」の成果だと言える。

まとめ［←レポートの結論］

　1.　　⑦　と　⑧　をキーワードとしてまとめる。

　2.「猫の目クラス」は、自らを　⑨　試みであり、それは　⑩　から自らを見つめ直すことである。

　3.　そうすることによって、　⑪　ことが理解できる。

　4.　これは　⑫　や　⑬　の目指す所と同じであり、「猫の目クラス」は、その　⑭　として大きな可能性を秘めている。

①　____
②　____
③　____
④　____
⑤　____
⑥　____
⑦　____
⑧　____
⑨　____
⑩　____
⑪　____
⑫　____
⑬　____
⑭　____

2.　________を引いた **a〜d** について答えてください。

 a.　「その典型的な例」とは何の例のことですか。

  ____

 b.　「それ」の内容は何ですか。

  ____

 c.　「その点」とはどんな点のことですか。

  ____

 d.　「それ」は何のことですか。

  ____

3.　________を引いた **A〜C** について答えてください。

 A.　どうしてテーマを限ったのですか。

  ____

 B.　「『猫の目クラス』の成果」とはどのような成果ですか。

  ____

 C.　その「可能性」とはどのような可能性ですか。

  ____

4. **この文を書いた人が一番言いたいことは何ですか。次の中から選んでください。**

a. 動物が虐待されているという事実を知ること

b. 人間の得手勝手で、動物を利用し、虐待してはいけないということ

c. 異なる存在を理解し、境界の向こう側の存在を尊重する姿勢の難しさ

d. 自らの存在も境界の向こう側から見れば異文化であるとの認識を持つことの大切さ

I. 【動詞と助詞】　下から適切な動詞を選んで、必要に応じて形を変え、例のように文を完成してください。（　　　）には、「は」以外の助詞が入ります。

〔入れる　訴える　かけ離れる　共存する　逆らう　強いる
　存続する　高まる　戻す〕

例：社会保険制度のあり方をめぐって政府に対する批判の声（　が　）高まった。

① 人間（　　　）動物（　　　）＿＿＿＿＿＿環境を作らなければならない。

② 映画のスターやスポーツ選手は私たち（　　　）は＿＿＿＿＿＿世界に生きている。

③ 患者（　　　）これ以上負担（　　　）＿＿＿＿＿＿ことになるのなら、手術はあきらめざるを得ない。

④ 亡くなった患者の家族は医療ミスを犯した医者（　　　）＿＿＿＿＿＿。

⑤ この祭り（　　　）＿＿＿＿＿＿かどうかは、若い人たちの気持ち次第だ。

⑥ 今日は機嫌が悪そうだから、部長（　　　）は＿＿＿＿＿＿方がいい。

⑦ ここにある本（　　　）すべて棚（　　　）＿＿＿＿＿＿ください。

⑧ 警察はとうとう不正な金の流れ（　　　）メス（　　　）＿＿＿＿＿＿。

II. 【副詞】　下から適切な言葉を選んで、文を完成してください。

〔あえて　故意に　たかが　何ら　前もって　無理やり〕

① 勉強したくないという人に（　　　　　　）勉強させることはできない。

② 教師には、学生の能力を伸ばすために、（　　　　　　）厳しいことも言わなければならないときもある。

③ 最近（　　　　　　）事故を起こして、保険金を不正に受け取るという事件が増えた。

④ （　　　　　　）かぜぐらいで、医者に行く必要はない。

⑤ A社は、社員が勝手にやったことだから、会社には（　　　　　　）関係がないといった態度をとった。

⑥ 友人の家に行くときは、（　　　　　　）連絡しておいた方がいい。

III. 【新しい言葉と表現】　適切な言葉や表現を選んでください。

① この画家は青い色を（　　　）用いるので有名だ。

　　　a. 安易に　　　　　　b. 軽々しく　　　　　c. 好んで　　　　　　d. 無理やり

② 環境問題がいかに深刻であるか、ゴミ問題を例に（　　　　）、ご説明しましょう。

　　　a. 掲げて　　　　　　b. して　　　　　　　c. 使って　　　　　　d. 取って

③ 試験の際の不正行為に目を（　　　　）わけにはいかない。

　　　a. つぶる　　　　　　b. 閉じる　　　　　　c. 開く　　　　　　　d. 見る

④ 私はがん治療の研究に一生を（　　　　）つもりだ。

　　　a. ささげる　　　　　b. 過ごす　　　　　　c. 費やす　　　　　　d. 使う

⑤ 自分がなぜこの仕事を選んだのか、原点に（　　　　）、考えてみた。

　　　a. 行って　　　　　　b. 来て　　　　　　　c. 立ち返って　　　　d. 着いて

⑥ あの人は、理由も言わず（　　　　）別れたいと言った。

　　　a. 一方　　　　　　　b. 一方で　　　　　　c. 一方的に　　　　　d. 一方では

⑦ 動物だからといって、その尊い命を（　　　　）扱うことはできない。

　　　a. 安易に　　　　　　b. 手軽に　　　　　　c. 軽々しく　　　　　d. 優しく

⑧ 誘われればカラオケには（　　　　）が、今日は子供と約束があって、早くうち
　 に帰った。

　　　a. 行かないでもない　　　　　　　　　b. 行かないとも限らない

　　　c. 行くことはない　　　　　　　　　　d. 行くとは限らない

⑨ 夫とは別れることにしたが、彼が今後も子供たちの父親であること（　　　　）。

　　　a. に変わりはない　　　　　　　　　　b. に越したことはない

　　　c. に過ぎない　　　　　　　　　　　　d. に違いない

⑩ この仕事は経験のあるなし（　　　　）、誰にでもできる仕事です。

　　　a. にかかわらず　　b. に限らず　　　　c. にもかかわらず　　d. のみならず

IV.【大切な表現】　下から適切な表現を選んで、意味のある文を完成してください。

　　　〔〜ないでもない　何ら〜　　〜にかかわらず　〜に変わりはない

　　　　〜にしたところで　〜はどうであれ　〜を限りに〕

① 他人の評価（　　　　　　　　）、自分なりに満足できる作品が作れたと思う。

② 新商品の開発をめぐって青山さんは他人のアイディアを批判ばかりするが、彼
　 （　　　　　　　）何か良いアイディアがあるわけではない。

③ 成功するしない（　　　　　　　　）、若いうちは何にでも挑戦してみたらいい。

④ 今日（　　　　　　）、あの人のことは忘れようと思う。

⑤ 会社を辞めた同僚の気持ちも分から（　　　　　　　）が、家族のことを考える
　 とかわいそうだ。

⑥　犯人だと疑われた男はその事件とは（　　　　　　　　　）関係がないことが判明した。

⑦　たとえ彼女のためだったとはいえ、うそをついたこと（　　　　　　　）から、
　　謝るべきだ。

Ⅴ.【カタカナ語】　下から適切な言葉を選んで文を完成してください。

〔カット　ショック　パートナー　パターン　モルモット〕

①　一人暮らしの私にとって、ペットはかけがえのない人生の（　　　　　　）だ。

②　上司の厳しい言葉に（　　　　　）を受けた。

③　会社は不景気で、新しい商品の開発費は大幅に（　　　　　）された。

④　あの先生の授業はいつも同じ（　　　　　）だ。

⑤　人間を（　　　　　　）代わりに使って、新しい薬品の実験をするなんて許され
　　ないことだ。

Ⅵ.【こと (2)】　下から適切な表現を選んで、〔　　〕の言葉を使って文を完成して
　　ください。

〔～ことか　～こととて　～ことは　～ことはない　～だけのことはある
　　～ないことには　～ないことはない〕

例：難しい問題だといっても、よく考えれば（できないことはない）。〔できる〕

①　さすがに一流と（　　　　　　　　）。この店の料理は大変おいしい。〔言う〕

②　今までに何度この仕事を辞めようと（　　　　　　　）。〔思う〕

③　彼女が（　　　　　　）パーティを始めようにも始められない。〔来る〕

④　とても良いスピーチだったから、賞を取れなかったといっても、（　　　　　　）。
　　〔恥ずかしがる〕

⑤　宿題を（　　　　　　）したが、分からない問題がたくさんある。〔する〕

⑥　ずいぶん（　　　　　　　）、その事件のことはあまりよくは覚えていないのだ。
　　〔昔〕

I.

A. 「〜返す」をまとめてみましょう。

① やり返す、送り返す——相手にされた事をこちらからも行うこと。

・本当のことを言われて、何も（　　　　　　　）ことができなかった。

② 照り返す、折り返す——来た方向に戻ること。

・ここまで来たからには、もう（　　　　　　　）ことはできない。

③ 聞き返す、思い返す——もう一度ある事を自分の意思で行うこと。

・テストの前にもう一度本を（　　　　　　　）ておこう。

④ まぜ返す、掘り返す——むやみにある事を行うこと。

・何度も失敗を（　　　　　　　）て、やっと成功しました。

⑤ ひっくり返す——向きを反対にすること

・慌てて食べようとして、ラーメンをひっくり返してしまった。

B. 「〜返る」をまとめてみましょう。

① 立ち返る、跳ね返る——もとの状態に戻ること。

・いくら医療技術が進歩したとはいえ、死んだ人を（　　　　　　　）せることはできない。

② 寝返る、ひっくり返る——向きが反対になること。

・名前を呼ばれて後ろを（　　　　　　　）と、懐かしい友の笑顔があった。

③ 静まり返る、しょげ返る——程度がひどいこと。

・試験の時間に遅れるなんて（　　　　　　　）て、物も言えない。

II.

A. ［かけ］で始まる言葉を作ってみましょう。

かけ離れる ⇒ 　かけ＿＿＿＿＿＿　　　かけ＿＿＿＿＿＿　　　かけ＿＿＿＿＿＿

B. 繰り［くり］で始まる言葉を作ってみましょう。

繰り広げる ⇒ 　繰り＿＿＿＿＿＿　　　繰り＿＿＿＿＿＿　　　繰り＿＿＿＿＿＿

C. 立ち［たち］で始まる言葉を作ってみましょう。

立ち返る ⇒ 　立ち＿＿＿＿＿＿　　　立ち＿＿＿＿＿＿　　　立ち＿＿＿＿＿＿

D.　打ち [うち] で始まる言葉を作ってみましょう。

　　打ち上げる ⇒　　打ち＿＿＿＿＿　　　　打ち＿＿＿＿＿　　　　打ち＿＿＿＿＿

E.　切り [きり] で始まる言葉を作ってみましょう。

　　切り替える ⇒　　切り＿＿＿＿＿　　　　切り＿＿＿＿＿　　　　切り＿＿＿＿＿

F.　組み [くみ] で始まる言葉を作ってみましょう。

　　組み合わせる⇒　組み＿＿＿＿＿　　　　組み＿＿＿＿＿　　　　組み＿＿＿＿＿

Ⅲ.「ない／ぬ」で終わる表現　次の表現と一緒に使う名詞を考えてみましょう。

とどまるところを知らない　　　限りない　　　思わぬ〜　　　切っても切れない
なくてはならない　　　　　　　計り知れない　　耳慣れない　　（不健康）極まりない
似ても似つかぬ〜　　　　　　　仕方がない　　　数限りない　　言われなき〜
（〜に）忍びない　　　　　　　かけがえのない

 聞いてみよう

第13課

A　まず、質問をします。次に、表現に注意して会話を聞いてください。そして、質問に答え、会話の内容について話し合ってみましょう。

1.　〔近所の主婦〕
2.　〔職場の同僚〕

B

1.　次の点について、メモを取りながら、**CD** を聞いてください。

（1）　場所
（2）　話している人
（3）　このマンションの問題は？
（4）　一戸建ての場合は？
（5）　話の結果は？

2.　次の質問に答えてください。

　(1) (　　　　) 　(2) (　　　　) 　(3) (　　　　) 　(4) (　　　　) 　(5) (　　　　)

3.　自分のメモを見ながら、百五十～二百字くらいで会話の内容をまとめてください。

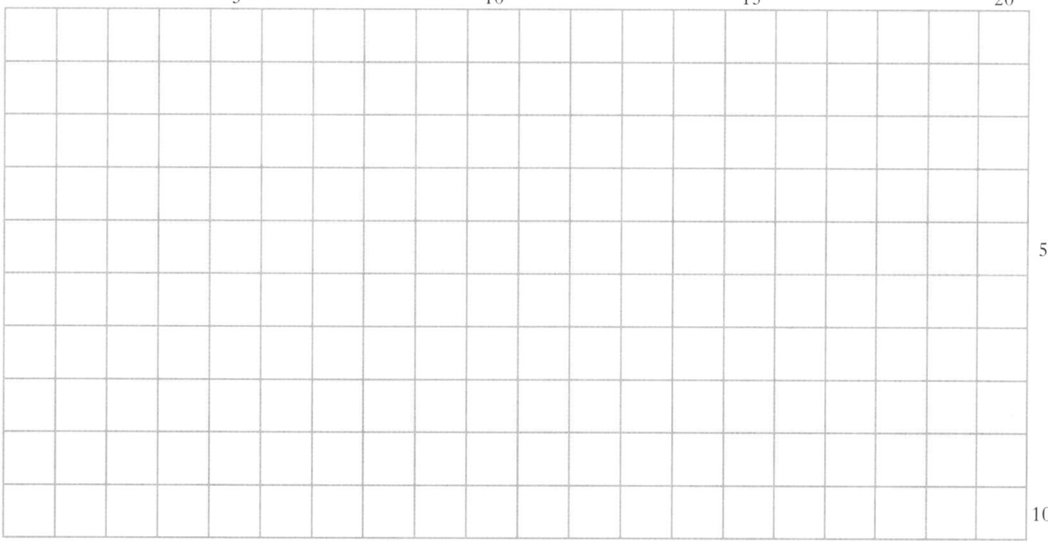

次の文を読んで、後の質問に答えてください。

画家先生のプライバシー

　ここに来て早いもので半年が過ぎる。美しい風景。おいしい空気。豊かな自然環境に恵まれたここが本当に気に入っている。いい絵が描きたくて思い切ってここへ来たが、本当に来て良かった。散歩や買い物に出ても、写生に出かけても、みんなが気軽に声をかけてくれる。小さな村だから、当たり前のことといえば当たり前だが、A. 村全体が大きな家族といった感じがする。突然現れた私に対しても、東京のような大都会では考えもできないことだが、一人ひとりみんなが自分の家族のことのように気にかけてくれる。

　いつだったか、風邪をひいて寝ていたときにも、早速八百屋のおばさんがやって来て、「これを飲めば治るから」と言いながらにおいの強い野菜ジュースを作ってくれた。高い熱で一人暮らしの心細さを感じていたときだけに、人の心の温かさが嬉しかった。東京を離れるとき、画家仲間からは、「わがままで、付き合いの悪い」私には、一人ぼっちでの田舎暮らしは無理だと言われていたし、自分でも心の中では、他人との付き合いが面倒な私のことだから、すぐに田舎暮らしに音を上げることになるかもしれないと思っていた。

　ここに来てすぐのころは、確かに、「画家先生、元気か」と、人が寝ていようが、考え事をしていようが遠慮なく声をかけてくる人たちに、これじゃ自分のやりたいことに没頭できないと、ちょっととまどった。が、a. それもお互いの健康をチェックしているのだと聞かされて、納得できた。そういえば、お隣のゲンさんがいうように、どの家にも鍵がかかっていない。誰でもいつでも戸を開けて中の様子が見られるように、昔から b. そうしているのだという。そう聞いてからは「画家先生、元気か」の一言にもすっかり慣れて、何かの都合でいつもの顔が現れて、いつものように声をかけてくれないときには、逆にこちらの方が、どうしたんだろうと、B. 相手のことを思うようになるから不思議だ。

　もっとも、若い連中は、そんな人間関係が面倒で、都会へ出ていくのだという。いつだったか「先生、慣れない独身生活は大変でしょう」と仕事を終えた若い連中が、野菜や魚を持って訪ねてくれた。ウイスキーを開け、その日はみんなで大騒ぎをした。「みんなが仲良く暮らしているなんて、大都会で生まれた僕にはうらやましいよ」という私の言葉に、「画家先生のように、少しの間だけここにいて生活する人にはそうだろうけど」と言葉が返ってきた。その若者は「生まれてからずっとここという人間にはたまらないよ。村中のみんなが、お互いに何でも知ってる。隣の誰々がどんなシャツ何枚持ってるかまで知られてるからな」と、冗談交じりに、村の生活の C.プライバシーのなさを訴えていた。周りのみんなも口々に、どこかの何とかさんが隣村の誰々ともうすぐ結婚する、どこどこではもうすぐ家を建て直す計画だと、次から次へと同様の話が続いて、村では、いかに私的な空間を守って生活することが不可能かということを教えてくれた。

　c.その日は、ひたすら聞き役に回っていたので、私は自分の意見はあまり言わなかったけれども、頭の中では、どうなってるんだろうと思っていた。大家族のような生活をしている田舎の人たちも、普段はドアを閉め切って相互に干渉することなしに、隣の人が何をしているかなど全然知らない生活をしている私のような都会の人間も、みんないつも D.誰かに見られていると思って生活している。私の経験からいえば、子供が中学校、高校へ進学しようとするときには、ちゃんと塾への案内が届いたし、子供が大きくなってちょっと家が狭くなったなあと思うと、マンションや家の広告が送られてきた。マンションを買おうと決めた途端に、電化製品やカーペットのパンフレットが届くのに至っては、「一体どんな方法で？」と、気味が悪くなってしまった。どうせ自分のことを知られるのなら、ここの生活のように知られていることが分かっている方が、全然知らない所で情報を集められているよりましだ。口には出さなかったが、d.そんなことを考えながらみんなの話を聞いていた。

　私は、「元気か」と声をかけてくれる人のいる、今のここでの生活が気に入っている。人目が気にならないとまでは言わないが、いつもそばに誰かがいてくれるということは、何かがあったときのことを考えると、安心して生活できるということでもある。確かに、「少しの間だけ生活する人」に本当のところは何も分からないかもしれないが、もうしばらく、ここの美しい自然と優しい人たちに囲まれて写生生活を続けてみよう。

1.　上の文を理解するために、＿＿＿＿に言葉や文を書いてください。

これを書いた人の今の生活環境 [←本文のテーマへの導入]

　1．写生が目的で来た村は、　①　場所だ。

　2．自分でも　②　思っていた一人暮らしだったが、　③　おかげで今は生活
　　できている。

　3．初めは　④　思っていたが、事情が分かると　⑤　ようになってきた。

若い連中の考え [←上と比べてテーマを明確にする]

　1．　⑥　面倒で、都会に出ていく若者が多い。

　2．　⑦　はいいが、ここにずっと住む人間には　⑧　が耐えられない。

これを書いた人の意見 [←結論として、読む人への問いかけ]

　1．都会の生活は　⑨　が、実際は　⑩　思って生活している。

　2．それならば、　⑪　。

　3．　⑫　気にはなるが、　⑬　方が安心だ。

① ＿＿＿＿＿＿＿＿＿＿＿＿＿＿＿＿＿＿＿＿＿＿＿＿＿＿＿＿＿＿

② ＿＿＿＿＿＿＿＿＿＿＿＿＿＿＿＿＿＿＿＿＿＿＿＿＿＿＿＿＿＿

③ ＿＿＿＿＿＿＿＿＿＿＿＿＿＿＿＿＿＿＿＿＿＿＿＿＿＿＿＿＿＿

④ ＿＿＿＿＿＿＿＿＿＿＿＿＿＿＿＿＿＿＿＿＿＿＿＿＿＿＿＿＿＿

⑤ ＿＿＿＿＿＿＿＿＿＿＿＿＿＿＿＿＿＿＿＿＿＿＿＿＿＿＿＿＿＿

⑥ ＿＿＿＿＿＿＿＿＿＿＿＿＿＿＿＿＿＿＿＿＿＿＿＿＿＿＿＿＿＿

⑦ ＿＿＿＿＿＿＿＿＿＿＿＿＿＿＿＿＿＿＿＿＿＿＿＿＿＿＿＿＿＿

⑧ ＿＿＿＿＿＿＿＿＿＿＿＿＿＿＿＿＿＿＿＿＿＿＿＿＿＿＿＿＿＿

⑨ ＿＿＿＿＿＿＿＿＿＿＿＿＿＿＿＿＿＿＿＿＿＿＿＿＿＿＿＿＿＿

⑩ ＿＿＿＿＿＿＿＿＿＿＿＿＿＿＿＿＿＿＿＿＿＿＿＿＿＿＿＿＿＿

⑪ ___________________________________

⑫ ___________________________________

⑬ ___________________________________

2. ＿＿＿＿＿を引いた **a〜d** について答えてください。

a. 「それ」は何のことですか。

____

b. 「そうしている」とはどうしているのですか。

____

c. 「その日」はいつのことですか。

____

d. 「そんなこと」とはどんなことですか。

____

3. 〜〜〜〜〜を引いた **A〜D** について答えてください。

A. どうして「村全体が大きな家族」のように感じているのですか。

____

B. どうしてそうなるのだと思いますか。

____

C. 「プライバシーのなさ」を感じるのは、例えばどのようなときですか。

____

D. どうしてそのように思うのですか。

____

4. この文を書いた人が一番言いたいことは何ですか。次の中から選んでください。

a. お互いに干渉することのない都会の生活の方がいい。

b. 都会の生活も村の生活もプライバシーがないので嫌だ。

c. 都会より美しい自然があり優しい人たちがいるので、村の生活の方がいい。

d. 村の生活はプライバシーがないが、都会にも同じようにプライバシーがない。

◆ 表現を磨こう

I. 【動詞と助詞】　下から適切な動詞を選んで、必要に応じて形を変え、例のように
　　文を完成してください。（　　　）には、「は」以外の助詞が入ります。

　　　〔浮かび上がる　回答する　突き合わせる　根づく　はばかる
　　　　ひそめる　没頭する　見当たる〕

　　例：さっきから探しているのに、定期券（　が　）見当たらない。
　　① このアンケート（　　　）＿＿＿＿＿＿＿＿ば、ボールペンがもらえるそうだ。
　　② 夫は定年後小説を書き始め、毎日それ（　　　）＿＿＿＿＿＿＿＿。
　　③ 居眠りをしている山田さんを見て、さっきから部長がまゆ（　　　）
　　　　＿＿＿＿＿＿＿＿。
　　④ 銀行の入り口で撮影された映像から、容疑者（　　　）＿＿＿＿＿＿＿＿。
　　⑤ 女性も社会に出て行くべきだという考え方が、我が国（　　　）＿＿＿＿＿＿＿＿
　　　　のは、戦後になってからだろう。
　　⑥ 電車の中で人目（　　　）＿＿＿＿＿＿＿＿、化粧をする女性が増えた。
　　⑦ 嫌な上司と毎日顔（　　　）＿＿＿＿＿＿＿＿仕事をするのに耐えられず、会社を
　　　　辞めた。

II. 【副詞】　下から適切な言葉を選んで、文を完成してください。

　　　　〔一向に　一心不乱に　辛うじて　必死に　もはや　よりによって〕

　　① 父は交通事故にあって大けがをしたが、（　　　　　　）命だけは助かった。
　　② これほどがんが進んでいたら、手術しても（　　　　　　）手遅れだ。
　　③ 普段は病気をしたことがないのに、（　　　　　　）就職の面接の日に風邪を
　　　　引いてしまった。
　　④ 後ろから来た男にかばんを奪われそうになったので、（　　　　　　）叫んで
　　　　助けを求めた。
　　⑤ 彼女にメールを出してみたが、（　　　　　　）返事が来ない。
　　⑥ 妹は絵のコンテストに向けて、（　　　　　　）作品作りに取り組んでいる。

III. 【新しい言葉と表現】　適切な言葉や表現を選んでください。

　　① 楽しかった留学生活も（　　　）終わってしまった。
　　　　a. いよいよ　　　　　b. ついに　　　　　　c. やっと　　　　　d. ようやく

② この仕事を一人で今週中に仕上げるのは物理的に（　　　　）だ。

   a. 不可欠　　　　　b. 不可能　　　　　c. 不十分　　　　　d. 不平等

③ 自分の専門以外には（　　　　）がないという研究者が増えている。

   a. 関係　　　　　　b. 干渉　　　　　　c. 関心　　　　　　d. 交渉

④ 退職してからの生活が（　　　　）されない限り、定年後も働かざるを得ない。

   a. 干渉　　　　　　b. 保護　　　　　　c. 保障　　　　　　d. 擁護

⑤ 警察により三人の生存が（　　　　）された。

   a. 確定　　　　　　b. 確認　　　　　　c. 確保　　　　　　d. 確立

⑥ 一見利益が上がっているように見える我が社も（　　　　）はかなり苦しい。

   a. 現象　　　　　　b. 事実　　　　　　c. 事態　　　　　　d. 実情

⑦ これだけ証拠があるのに、やっていないと（　　　　）、全くあきれた男だ。

   a. 言い切っては　　b. 言い切るかは　　c. 言い切るとは　　d. 言い切るのは

⑧ 誰（　　　　）、他人を傷つけるようなやり取りをインターネット上で行うのは
良くない。

   a. であれ　　　　　b. といい　　　　　c. につけ　　　　　d. にとっても

⑨ 「どれほど周りが反対しても、課長はあくまでこの計画でやるつもりらしいよ」
「全くあきれるね。勝手にしろ（　　　　）よ」

   a. と言えなくもない　　　　　　　　b. といったところだ

   c. と言っても過言ではない　　　　　d. としか言いようがない

⑩ ペットに洋服を着せて喜ぶなんて、愛情の押し売り（　　　　）。

   a. 以外の何物でもない　　　　　　　b. であっていいはずがない

   c. に決まっている　　　　　　　　　d. に越したことはない

IV.【大切な表現】　下から適切な表現を選んで、意味のある文を完成してください。

〔～が早いか　　～であっていいはずがない　　とは　　～なくもない〕

① ルールを守らない人が多いが、「形だけの規則」（　　　　　　　　）。

② 彼が言っていることが分から（　　　　　　　）が、やはり彼だけを特別扱いは
できない。

③ 鉛筆も持たずに教室にやって来る（　　　　　　　）、全くあきれてものも言え
ない。

④ 建設会社から金を不正に受け取ったとされる政治家の車が着く（　　　　　　　）、
マスコミの関係者が車の周りを囲んだ。

Ⅴ. 【並列表現 (2)】　下から適切な言葉を選んで、文を完成してください。

〔〜であれ〜であれ　〜といい〜といい　〜にしろ〜にしろ　〜につけ〜につけ〕

① 人間（　　　　　　）犬（　　　　　　　）、生き物であることには変わりがない。

② 自然破壊のニュースを見る（　　　　　　）聞く（　　　　　　）、環境保護の大切さを
感じる。

③ 色（　　　　　　）形（　　　　　　）、これこそ正に、私が探していた物だ。

④ 行く（　　　　　　）行かない（　　　　　　）、できるだけ早く知らせてください。

I.

A. 「〜回す」をまとめてみましょう。

① 振り回す、かき回す——物を実際に回すこと。

- 危ないからかさを振り回すのは止めなさい。

② 乗り回す、引っ張り回す——必要以上に続けてあることを行うこと。

- 新聞記者に（　　　　　　　　）されて、困っている。

B. 「〜回る」をまとめてみましょう。

走り回る、遊び回る、飛び回る——場所を変えながら、さかんにある事を行うこと。

- あちらこちら（　　　　　　　　）て、やっと気に入った物を見つけた。

II.

A. 追い [おい] で始まる言葉を作ってみましょう。

追いかける ⇒　追い＿＿＿＿＿　　追い＿＿＿＿＿　　追い＿＿＿＿＿

B. 突き [つき] ／ 突っ [つっ] で始まる言葉を作ってみましょう。

突き合わせる⇒ 突き＿＿＿＿＿　　突き＿＿＿＿＿　　突き＿＿＿＿＿
突っ走る　⇒　突っ＿＿＿＿＿　　突っ＿＿＿＿＿　　突っ＿＿＿＿＿

C. 引き [ひき] ／ 引っ [ひっ] で始まる言葉を作ってみましょう。

引きこもる⇒　引き＿＿＿＿＿　　引き＿＿＿＿＿　　引き＿＿＿＿＿
引っ張る　⇒　引っ＿＿＿＿＿　　引っ＿＿＿＿＿　　引っ＿＿＿＿＿

D. 受け [うけ] で始まる言葉を作ってみましょう。

受け止める ⇒　受け＿＿＿＿＿　　受け＿＿＿＿＿　　受け＿＿＿＿＿

E. 差し [さし] で始まる言葉を作ってみましょう。

差し上げる⇒　差し＿＿＿＿＿　　差し＿＿＿＿＿　　差し＿＿＿＿＿

F. 取り [とり] で始まる言葉を作ってみましょう。

取り調べる ⇒　取り＿＿＿＿＿　　取り＿＿＿＿＿　　取り＿＿＿＿＿

Ⅲ. 名詞とともに使う言葉　次の表現と一緒に使う名詞を考えてみましょう。

あらゆる＿＿＿＿＿＿　　　　ほんの＿＿＿＿＿＿　　　　聖なる＿＿＿＿＿＿

ありとあらゆる＿＿＿＿＿＿　　大の＿＿＿＿＿＿　　　　一連の＿＿＿＿＿＿

 聞いてみよう

A まず、質問をします。次に、表現に注意して会話を聞いてください。そして、質問に答え、会話の内容について話し合ってみましょう。

1. 〔夫と妻〕
2. 〔上司と部下〕

B

1. 次の点について、メモを取りながら、CD を聞いてください。

   （1） 話している人
   （2） 何について話している？
   （3） 娘の考え
   （4） 母親の考え
   （5） 結局、どうなった？

2. 次の質問に答えてください。

   (1) (　　　)　(2) (　　　)　(3) (　　　)　(4) (　　　)　(5) (　　　)

3. 自分のメモを見ながら、百五十〜二百字くらいで会話の内容をまとめてください。

次の文を読んで、後の質問に答えてください。

「おふくろの味」って？

　英語から日本語へ、そして、日本語から英語へ。翻訳という職業を選んで三十年になる。何年この仕事を続けていても、どうしても「これだ」という言葉が見つけられず苦労させられることが多い。どんな言葉が難しいのかというと、これは簡単には言えないが、味と関係する言葉などは、間違いなく a.その典型である。例えば、「甘い」「辛い」など一見簡単に訳せそうな言葉でも、カレーの「辛さ」と、塩やしょうゆの「辛さ」を英語に訳すときには、違う言葉を使って訳さなければならない。「苦い」「甘い」なども、「苦い経験」や「甘い先生」になると困らせられるには困らせられるが、難しいとは言っても、まだ、何とか訳せる。

　先日こんな経験をした。「おふくろの味」に A.仕事の手を止められてしまったのである。たまたま、依頼された仕事の中に「おふくろの味って、どんな味？」という表現があった。翻訳が難しそうだなと思ったことも事実だが、それよりも「う〜ん。どんな味だろうなあ？」と、考え込んでしまったのである。

　私は結婚してすぐのころ、「やっぱり、おふくろの味とは違うな」という何気ない一言がきっかけで妻を怒らせ、けんかになったことが何度かある。妻の側から言わせると、おいしい料理を作って私を喜ばせてやろうと、私の母に電話で聞いてその通りに作ったのに、「やっぱり違う」と言われれば腹を立てるのは当たり前だと言うのだ。一方、私の方としても、何も妻を傷つけようとして口にしたせりふではなく、「やっぱり・・・」と、ついつい口に出しただけのことであるから、「そんなに怒ることはないだろう」と、妻に謝ろうとはしない。そして最後はけんか、と、こういうわけである。今思えば、「じゃあ、おふくろの味ってどんな味」と、逆に b.そのとき妻に聞かれていたら、どう答えていただろうなと思う。そんなことを思い出しながら、「いったいどんな味なんだろう」と考え始めたので、翻訳の手が止まってしまった。

　そう言えば、仕事の帰りによく立ち寄る店にも「おふくろの味」という看板があったななどと、あれやこれや考えているうちに、ふと友人のことを思い出した。有名な家庭料理の研究家なので、名前を出せば「知ってる」とおっしゃる方も多いと思う。その友人が、「料理をおいしく作る秘密は？」と聞く

私に、「材料を目の前にして、どんな物を、どんなふうにおいしく食べさせて
やろうかと一生懸命工夫する気持ちと、『お父さん、これを食べて元気で頑張っ
てね。子供たち、早く大きくなってね』と、作る人の祈りにも似た思いやり、
これが B. 料理の原点だよ」と話してくれたことがあったことを思い出した。
それを思い出して、「ああ、おふくろの味っていうのもそれなんだ」と、納得
した。
　そう納得できると今度は、最近「おいしい料理が食べられなくなった」と
言われる理由も分かったような気がした。「冷凍物ばかりで、新鮮な材料が手
に入らないからだ」とか、「インスタントや養殖ばかりで、本物がないからだ」
とよく言われるが、そうではないのだろう。昔は、新鮮な「本物の」材料が
何でも簡単に手に入ったかというと、一部の人は別にして、c. そんなことが
できる人の数は限られていたのに違いない。一般庶民は、d. その日手に入っ
た材料に精一杯の「工夫」を凝らし、作る人の温かい「思いやり」が添えら
れた料理を、感謝しながらおいしく食べていたのだろう。
　「本物がなくなった」と言うならば、それは「本物のおふくろ」、「本物のお
ふくろの味が分かる人」がなくなったのだ、と言うと言い過ぎだろうか。一
生懸命「工夫」を凝らし、家族へのあふれるような「思いやり」を持ったお
ふくろが減る一方で、そんなおふくろが心を込めた「工夫」「思いやり」とい
う「本物の」味を感謝しながら味わう人も減ったのであろう。その結果、材
料や味ばかり重要視するようになった。「料理がおいしくなくなった」と言わ
れるのには、こんな理由があるのだと思う。
　「おふくろの味」にすっかり仕事の手を止められてしまったが、おかげさま
でこれからは、「おふくろの味って、どんな味？」と尋ねられても、何とか答
えられそうである。ところで、英語にもちゃんと「おふくろの味」という言
い方がある。どう言うかは、企業秘密でここには書けないが、考えてみれば、
お母さんが家族のためにいろいろ「工夫」をし、「思いやり」を込めて料理を
作るなんてことは、世界中どこにだってある当たり前のことなのだから、C.翻
訳できないわけがないのである。

おふくろ	自分の母親を親しみを込めて呼ぶ呼び方
翻訳	例えば日本語で表現された内容を英語にすること
訳す	上と同じ意味。翻訳する
手を止める	していたことを途中で止める
材料	何かを作るときに使う物

1. 上の文を理解するために、＿＿＿に言葉や文を書いてください。

これを書いた人の紹介 [←テーマへの導入]

1. ＿①＿ が仕事で、 ＿②＿ などの翻訳が難しい。
2. ＿③＿ という言葉の翻訳が難しく仕事の手が止まった。そして、翻訳よりは ＿④＿ 。

「おふくろの味」という言葉の紹介 [←テーマの明確化]

1. 結婚してすぐ ＿⑤＿ についてけんかをしたが、私は ＿⑥＿ 思い、妻は ＿⑦＿ 思ったからだ。
2. 料理研究家によれば ＿⑧＿ が ＿⑨＿ と言い、私もそれが「おふくろの味」だと納得した。

本物について [←これを書いた人の主張]

1. おいしい物が食べられなくなったのは ＿⑩＿ でも ＿⑪＿ でもなく、 ＿⑫＿ からだ。
2. 作る側だけでなく ＿⑬＿ もなくなった。
3. 今は ＿⑭＿ と聞かれても答えられる。それは ＿⑮＿ からだ。

① ＿＿＿＿＿＿＿＿＿＿＿＿＿＿＿＿＿＿＿＿＿＿＿＿＿＿＿＿＿＿＿＿

② ＿＿＿＿＿＿＿＿＿＿＿＿＿＿＿＿＿＿＿＿＿＿＿＿＿＿＿＿＿＿＿＿

③ ＿＿＿＿＿＿＿＿＿＿＿＿＿＿＿＿＿＿＿＿＿＿＿＿＿＿＿＿＿＿＿＿

④ ＿＿＿＿＿＿＿＿＿＿＿＿＿＿＿＿＿＿＿＿＿＿＿＿＿＿＿＿＿＿＿＿

⑤ ＿＿＿＿＿＿＿＿＿＿＿＿＿＿＿＿＿＿＿＿＿＿＿＿＿＿＿＿＿＿＿＿

⑥ ＿＿＿＿＿＿＿＿＿＿＿＿＿＿＿＿＿＿＿＿＿＿＿＿＿＿＿＿＿＿＿＿

⑦ ＿＿＿＿＿＿＿＿＿＿＿＿＿＿＿＿＿＿＿＿＿＿＿＿＿＿＿＿＿＿＿＿

⑧ ＿＿＿＿＿＿＿＿＿＿＿＿＿＿＿＿＿＿＿＿＿＿＿＿＿＿＿＿＿＿＿＿

⑨
⑩
⑪
⑫
⑬
⑭　・
⑮　・

2.　＿＿＿＿＿を引いた a〜d について答えてください。

a.　「その」は何のことですか。

b.　「そのとき」とはいつのことですか。

c.　「そんなこと」とは何のことですか。

d.　「その日」とはいつのことですか。

3.　＿＿＿＿＿を引いた A〜C について答えてください。

A.　「仕事の手を止めた」のはどうしてですか。

B.　「料理の原点」は何だと言っていますか。

C.　「翻訳できないわけがない」と考える理由は何ですか。

4.　この文を書いた人が言う「おふくろの味」を次の中から選んでください。

a.　養殖や冷凍ではなく、新鮮な材料で作った料理
b.　お母さんが本物の材料で作った料理
c.　お母さんが「工夫」と「思いやり」の心を込めて作った料理
d.　お母さんが作ったおいしい料理

I. 【動詞と助詞】　下から適切な動詞を選んで、必要に応じて形を変え、例のように文を完成してください。（　　　）には、「は」以外の助詞が入ります。

〔腐る　向上する　出回る　取る　入る　披露する　施す〕

例：外で食べることが続いたので、冷蔵庫（れいぞうこ）の中の野菜（　が　）すっかり腐ってしまった。

① 工場を機械化したおかげで、生産性（　　　　）＿＿＿＿＿＿。

② 毎年十一月の終わりには、早くもクリスマスの商品（　　　　）＿＿＿＿＿＿。

③ 妻の料理は、プロにも引け（　　　　）＿＿＿＿＿＿。

④ 友人の結婚式で、二人の出会い（　　　）まつわる話（　　　）＿＿＿＿＿＿。

⑤ このたんすには丁寧な細工（　　　　）＿＿＿＿＿＿。

⑥ 毎朝新鮮な魚が手（　　　　）＿＿＿＿＿＿らしく、この店の魚料理は特別おいしい。

II. 【副詞】　下から適切な言葉を選んで、文を完成してください。

〔いとも　折りに触れ　極めて　到底　ひたすら〕

① 最近の若い人たちは（　　　　　　　）簡単に食べ物を捨てる。

② 両親は子供の幸せを（　　　　　　　）願っている。

③ いくら頑張っても、東京大学に入るなんて、（　　　　　　　）無理だ。

④ この表現は、過去の試験に何度も出てくる（　　　　　　　）重要な表現だ。

⑤ 子供たちには（　　　　　　　）動物や自然と触れ合う機会を与えている。

III. 【新しい言葉と表現】　適切な言葉や表現を選んでください。

① クラスの友人たちは新しくこの土地にやって来た私を温かく（　　　　）くれた。
　　a. 受け入れて　　　b. 受け継いで　　　c. 受けつけて　　　d. 受け取って

② 上司が風邪（かぜ）で一週間休んだ（　　　）がこっちに回ってきて、先週はとても忙しかった。
　　a. 心意気　　　b. しわ寄せ　　　c. ばち　　　d. 誇り

③ ビオレッタさんは日本語能力試験に合格するという目標を（　　　）。
　　a. 熟練した　　　b. 達成した　　　c. 披露した　　　d. まい進した

④ この家は少し古いが、駅からも近く、値段も（　　　）だ。

a. 安価　　　　　　b. 安全　　　　　　c. 手ごろ　　　　　d. 手元

⑤　この美術館は有名な建築家の（　　　）ものだ。

a. 手に入れる　　　b. 手にする　　　　c. 手になる　　　　d. 手に入る

⑥　あのレストランは高級感にあふれているが、味は思ったほどでなく、（　　　）だった。

a. 外見　　　　　　b. 見当　　　　　　c. 見掛け倒し　　　d. 見栄え

⑦　この寺には、日本有数の職人が（　　　）を込めて作った品が数多くある。

a. 心意気　　　　　b. 精一杯　　　　　c. 精魂　　　　　　d. 精神

⑧　テレビのＣＭを見て、「カレーが食べたい」と言う（　　　）、夫は材料を買いに出かけた。

a. が最後　　　　　b. がために　　　　c. が早いか　　　　d. が故に

⑨　理由は何であれ、他人を傷つけるようなことを言う（　　　）。

a. べきだ　　　　　b. べきではない　　c. べくもない　　　d. べし

⑩　弟が作った料理（　　　）、なかなかおいしい。

a. にかけては　　　b. にしては　　　　c. にせよ　　　　　d. にもまして

IV.【大切な表現】　下から適切な表現を選んで、意味のある文を完成してください。

〔〜が最後　〜だけ　〜にかけては　〜べくもない〕

①　許可されるかどうか分かりませんが、お願いする（　　　　　）はお願いしてみましょう。

②　幼い子供たちに家庭の事情を理解するよう期待するなど、考える（　　　　　）ことだ。

③　父は言い出した（　　　　　）、母が何と言おうと考えを変えない。

④　私は中学生のころいつも成績が悪かったが、魚のこと（　　　　　）ほかの誰よりも詳しかった。

V.【仮定・条件】　どちらか適切な方を選んでください。

①　現地へ行って（みたからには・みないことには）、被害の状況はよく分からない。

②　留学生活に憧れていたが、留学（したらしたで・しないことには）、いろいろ大変だ。

③　いったんやると（決めたからには・決めたところで）、そう簡単にあきらめてはいけない。

④　たとえ結果がどう（なるにせよ・なるものなら）、全力を出し切ることが大切だ。

⑤　私がちょっと不満を（言おうものなら・言ったからには）、妻からその何倍も返っ
　　てくる。

⑥　どんなに事情を説明（したところで・しないことには）、彼女は分かってくれ
　　ないだろう。

I.

A. 「～抜ける」をまとめてみましょう。

① 走り抜ける、通り抜ける——中を通って向こう側へ出ること。

　　• ビルとビルの間を風が（　　　　　　）ていく。

② すり抜ける、くぐり抜ける——悪い状況に陥らずに済むこと。

　　• これだけの証拠が出たからには、彼もこれ以上（　　　　　　）ことはできないだろう。

③ 飛び抜ける——グループの中である物だけがほかよりもはるかに良いこと。

　　• クラスの中で彼女の成績は飛び抜けて良い。

B. 「～抜く」をまとめてみましょう。

① 切り抜く、引き抜く——物を実際に取り出すこと。

　　•（　　　　　　）れた五人の中から最優秀賞が決まる。

② 出し抜く、勝ち抜く——相手より一歩先に進むこと。

　　• 前を走っている車を（　　　　　　）うとして、事故を起こした。

③ 走り抜く、生き抜く——結果が出るまで我慢してある事を行うこと。

　　• 途中で何度も止めようかと思ったが、とうとう最後まで（　　　　　　）。

④ 困り抜く、知り抜く——これ以上はないという程度であること。

　　• お寺の床は（　　　　　　）れて、ピカピカに光っている。

⑤ 見抜く——隠されている物が見えること。

　　• 彼女の本当の気持ちを誰も見抜くことができなかった。

II.

A. 色［しょく］で終わる言葉を作ってみましょう。

① 地方色　⇒ ＿＿＿＿色　　＿＿＿＿色　　＿＿＿＿色

② 天然色　⇒ ＿＿＿＿色　　＿＿＿＿色　　＿＿＿＿色

B. 物［もの］／［ぶつ］で終わる言葉を作ってみましょう。

① 養殖物　⇒ ＿＿＿＿物　　＿＿＿＿物　　＿＿＿＿物

② まがい物⇒ ＿＿＿＿物　　＿＿＿＿物　　＿＿＿＿物

③ 廃棄物　⇒ ＿＿＿＿物　　＿＿＿＿物　　＿＿＿＿物

C.　［ごろ］で終わる言葉を作ってみましょう。

① 　手ごろ ⇒ ＿＿＿＿＿ごろ　　＿＿＿＿＿ごろ　　＿＿＿＿＿ごろ

② 　今ごろ ⇒ ＿＿＿＿＿ごろ　　＿＿＿＿＿ごろ　　＿＿＿＿＿ごろ

Ⅲ.「こ・そ・あ」の表現　意味を考えてみましょう。

ここ（数年）	そう（〜ない）	ああ（する）
このところ	そここ	あの手この手
この世	そこら	あれこれ
これでもか	それ（っ）	

第15課

A　まず、質問をします。次に、表現に注意して会話を聞いてください。そして、質問に答え、会話の内容について話し合ってみましょう。

1.　〔職場の同僚〕

2.　〔友人同士〕

B

1.　次の点について、メモを取りながら、CD を聞いてください。

　（1）　話している人

　（2）　グループの活動

　（3）　寺山さんが日本語教育に関心を持ったきっかけ

　（4）　ミャンマーで日本語教育が続いている理由

　（5）　言葉とはどのようなもの？

2.　次の質問に答えてください。

　（1）（　　　　）　（2）（　　　　）　（3）（　　　　）　（4）（　　　　）　（5）（　　　　）

3.　自分のメモを見ながら、百五十～二百字くらいで会話の内容をまとめてください。

次の文を読んで、後の質問に答えてください。

しかし、一連のクリスマス騒動も一段落し、私も少し冷静になってから、こんなことを考えました。まだ新しい移民の国であるこのカナダには、私のようにどこにも属していないと感じている人が大勢いることだろうということ、そしてd.それは、カナダに限らず日本の社会にも無関係なことではない。例えば、一人暮らしのお年寄りなどのように、日常の社会の出来事とは関係ないと思って暮らしている人がたくさんいるのではないかということです。私は日本にいる間はいつも、家族や友人に囲まれて生活をしており、こんなふうに考えたことは一度もありませんでした。しかし、先生もご存知のように、私は、自分の専門として、日本に帰ってからも「国際化」「人間交流」などと関係のある仕事に携わっていこうと思っています。それを考えると、どこにも属さず、心のよりどころを持たないと思う人が大勢いる社会が存在する限り、自分の身の回りに一人でも、B.クリスマスのときの私のような思いをする人がいる限り、国際社会を作ったり、人と人とが心から理解し合って生きることのできる社会の実現など、到底無理なのではないかと思いました。

C.今度のことをきっかけにして、私は今、「心のよりどころ」をテーマにレポートを書いております。一時は腹立たしい思いをさせられたことも確かですが、大切なことを気付かせてくれたという点では、「クリスマス騒動」は、私にとっては意味のあるクリスマスプレゼントだったと思って感謝しています。レポートが書けましたら、先生にも送らせていただこうと思いますので、何かとお忙しいこととは思いますが、もしお時間がありましたら、ぜひご意見をお聞かせくださいますようお願い申し上げます。

最後になりましたが、奥様にもどうぞよろしくお伝え下さい。いつも、お正月になるとお邪魔をしてご迷惑をかけたこと、今、とても懐かしく思い出しております。これからまだまだ寒さが厳しくなる季節ですが、先生も、奥様も、お体を大切にされ、お元気で過ごされること、心からお祈り申し上げます。

敬具（けいぐ）

二〇〇七年十二月二十八日

川原（かわはら）　二郎（じろう）先生

山野（やまの）　太郎（たろう）

拝啓（はいけい）
　カナダの冬は厳しいと覚悟しておりましたが、十二月に入って一、二度雪は降ったものの、長く積もることもなく、今のところ日本を出る前に思っていたほどではありません。反対に日本の方はとても寒い日（かぜ）が続いているということですが、先生、奥様お元気でしょうか。私の方は、おかげさまで風邪一つ引くこともなく、元気で頑張っております。近況をご報告させていただこうと思い、筆を取った次第です。

　さて、こちらに来ましてそろそろ四か月になります。その間、いろいろなことがありましたが、特に、クリスマス騒ぎには、実に様々なことを考えさせられました。それで、今日は、そのとき感じ、考えたことを先生に聞いていただき、また先生のご意見も聞かせていただけたらと思い、a.そのことを書かせていただきます。

　ここは、十二月に入るずっと前から、市内のデパートやスーパーは言うまでもなく、大学の中にある本屋に至るまで、どこもかしこもクリスマスの飾りで輝いています。町を歩いていても、どこからともなく美しいクリスマスの音楽が聞こえてきます。私の大学は小高い丘の上にあって、そこからこの町の全体が見えるのですが、暗くなると、A.目の前に広がる景色に目を奪われます。家の周りに付けられた赤や青、黄などの光が、家々の形を浮かび上がらせ、まるで夢の世界にいるようなのです。学校への行き帰りに目にする家々のリビングルームは、どこもカーテンがいっぱいに開けられており、美しく飾ったクリスマスツリーを外からも楽しむことができます。b.これらすべてがあたかも映画のひとこまであるかのように私の目には映りました。

　初めの間は何を目にしても、「ほうっ」「わあっ」とただ、珍しがったり、驚いてばかりでしたが、そのうち何だか腹立たしくなってきました。c.それは、すべての大騒ぎが自分とは無関係な世界、別の世界での出来事だと思えてきたからです。どこかで誰かが企画し、自分たちだけが楽しむ。私とは縁のないクリスマス。アパートに戻りラジオやテレビをつけても、すべてクリスマス、クリスマス。ところが、私には、お金の余裕もなく、またプレゼントをくれる人も、贈る相手もいないのです。とうとう最後には、「もう、いい加減にしてくれ」と思うようになりました。

1.　上の文を理解するために、＿＿＿＿に言葉や文を書いてください。

挨拶と手紙を書いた理由 [←伝えたいことへの導入部分]

1.　カナダは思ったほど　①　て、元気で　②　。

2.　手紙を書いたのは　③　。

クリスマス騒ぎ [←伝えたいことができたきっかけ]

1.　初めの間は　④　や　⑤　を珍しく思っていた。

2.　次第に　⑥　。それは　⑦　から。

手紙を書いた人の考えたこと [←一番伝えたいこと]

1.　落ち着いて考えてみると、自分と同じように　⑧　。

2.　日本にも　⑨　。

3.　そんな人がいる限り　⑩　や　⑪　は無理だ。

4.　　⑫　きっかけになって　⑬　。

①　＿＿＿＿＿＿＿＿＿＿＿＿＿＿＿＿＿＿＿＿＿＿＿＿＿＿＿＿＿＿

②　＿＿＿＿＿＿＿＿＿＿＿＿＿＿＿＿＿＿＿＿＿＿＿＿＿＿＿＿＿＿

③　＿＿＿＿＿＿＿＿＿＿＿＿＿＿＿＿＿＿＿＿＿＿＿＿＿＿＿＿＿＿

④　＿＿＿＿＿＿＿＿＿＿＿＿＿＿＿＿＿＿＿＿＿＿＿＿＿＿＿＿＿＿

⑤　＿＿＿＿＿＿＿＿＿＿＿＿＿＿＿＿＿＿＿＿＿＿＿＿＿＿＿＿＿＿

⑥　＿＿＿＿＿＿＿＿＿＿＿＿＿＿＿＿＿＿＿＿＿＿＿＿＿＿＿＿＿＿

⑦　＿＿＿＿＿＿＿＿＿＿＿＿＿＿＿＿＿＿＿＿＿＿＿＿＿＿＿＿＿＿

⑧　＿＿＿＿＿＿＿＿＿＿＿＿＿＿＿＿＿＿＿＿＿＿＿＿＿＿＿＿＿＿

⑨　＿＿＿＿＿＿＿＿＿＿＿＿＿＿＿＿＿＿＿＿＿＿＿＿＿＿＿＿＿＿

　⑩ ____

　⑪ ____

　⑫ ____

　⑬ ____

2.　　　　　　　　を引いた **a〜d** について答えてください。

　a.　「そのこと」はどんなことですか。

　　　____

　b.　「これら」とは何のことですか。

　　　____

　c.　「それ」は何のことですか。

　　　____

　d.　「それ」は何のことですか。

　　　____

3.　　　　　　　　を引いた **A〜C** について答えてください。

　A.　どうして「目を奪われた」のですか。

　　　____

　B.　「私のような思い」とはどのような思いですか。

　　　____

　C.　何のどんな点が「きっかけ」になりましたか。

　　　____

4.　この手紙を書いた人が、レポートを書こうと思った一番の理由は何ですか。次の
　　中から選んでください。

　a.　家族や友達が大切だと感じたから

　b.　どこにも属していないと感じている人がいる社会をなくしたいから

　c.　どこにも属していないと感じている人がいるから

　d.　カナダで一人の生活は寂しいから

145

I. 【動詞と助詞】 下から適切な動詞を選んで、必要に応じて形を変え、例のように文を完成してください。（　　　）には、「は」以外の助詞が入ります。

〔飽きる　一段落する　うずめる　促す　添える　たどり着く　紛らす　揺られる〕

例： パーティの最後にスピーチ（　を　）するよう<u>促されて</u>、突然のことに戸惑ってしまった。

① 途中で道が分からなくなり、三十分も遅れて約束の場所（　　　　）＿＿＿＿＿＿。

② 恋人からもらった手作りのセーターには、小さなカード（　　　　）＿＿＿＿＿＿。

③ 湖の上で誰も乗っていない小さなボートが、波（　　　　）＿＿＿＿＿＿。

④ 店で買って食べる料理（　　　　）は、もう＿＿＿＿＿＿。

⑤ 日本に来たころは、寂しくてベッドに顔（　　　　）＿＿＿＿＿＿泣いたこともあった。

⑥ いらいらした気分（　　　　）＿＿＿＿＿＿ために、たばこに火をつけた。

⑦ 話（　　　）＿＿＿＿＿＿ところで、コーヒーでも飲もう。

II. 【な形容詞】 下から適切な言葉を選んで、適切な形に変えて文を完成してください。

〔素直　率直　手持ちぶさた　冷ややか　頻繁　迷惑〕

① 電車の中では、ほかの人の（　　　　　　）なる行為はご遠慮ください。

② 男の人が助けを求めているのに、どうしてなのか周りの人は（　　　　　　）見ていた。

③ その子は父親にしかられると（　　　　　　）謝った。

④ 駅の前では、タクシーの運転手が（　　　　　　）様子で客を待っている。

⑤ （　　　　　　）言って、あなたがこの大学に合格するのは相当難しいです。

⑥ ここは（　　　　　　）事故が起きる危険な場所だ。

III. 【新しい言葉と表現】 適切な言葉や表現を選んでください。

① 大統領が飛行機から降りてくると、人々から歓声が（　　　　）。
   a. 上がった　　　　b. 出現した　　　　c. 出た　　　　d. 上った

② 父親が亡くなり、彼は（　　　　）遺産を手にした。
   a. 大きい　　　　b. 大の　　　　c. 高い　　　　d. ばく大な

③　店の人は、私の日本語が聴き取れなかったらしく、（　　　　）顔をしていた。
　　　a. けげんな　　　　　　b. 心配な　　　　　　　c. 不満な　　　　　　　d. 迷惑な

④　坂を上り切ったところで、すばらしい景色に目を（　　　　）。
　　　a. 奪われた　　　　　　b. つぶされた　　　　　c. とられた　　　　　　d. 盗まれた

⑤　考えてばかりいるより、行動に（　　　　）方がいい。
　　　a. 動いた　　　　　　　b. 移した　　　　　　　c. 実現した　　　　　　d. 実行した

⑥　おばあさんが重そうな荷物を持っていたので、見るに（　　　　）手伝った。
　　　a. 見かねて　　　　　　b. 見極めて　　　　　　c. 見据えて　　　　　　d. 見て取って

⑦　二十年ぶりに学生時代を過ごした町を訪れると、少しずつ昔のことが（　　　　）
　　きた。
　　　a. 思い出して　　　　　b. 覚まして　　　　　　c. 宿して　　　　　　　d. よみがえって

⑧　日本に来て二か月が過ぎたが、彼女は（　　　　）になり、国に帰りたがっている。
　　　a. イベント　　　　　　b. シンポジウム　　　　c. パートナー　　　　　d. ホームシック

⑨　ころんだ（　　　　）、靴のひもが切れた。
　　　a. あげくに　　　　　　b. 末に　　　　　　　　c. 途端に　　　　　　　d. 弾みに

⑩　自由をおう歌することが他人の権利を侵害し、迷惑をかけること（　　　　）。
　　　a. であっていいはずがない　　　　　　　　　b. でなくて何だろう
　　　c. どころではない　　　　　　　　　　　　　d. に変わりはない

IV.【大切な表現】　下から適切な表現を選んで、意味のある文を完成してください。

〔～といって　～どころではない　～なくして　～やら〕

①　顔は覚えているのだが、いったいいつどこで会ったの（　　　　）思い出
　　せない。

②　日本へ来たころは、自分のことで精一杯で、他人の心配をする（　　　　）
　　状態だった。

③　今勤めている会社には、これ（　　　　）不満はない。

④　友情（　　　　）、人生にいったいどんな意味があるのだろうか。

V.【続いて起きる出来事を表す表現】　どちらか適切な方を選んでください。

①　ドアが開く（と同時に・や否や）走りなさい。

②　今帰ってきた（かと思うと・と同時に）、またすぐに出かけた。

③　門を（入った途端・入るや否や）、犬が大声で鳴き出した。

④　出来上がり（次第・と同時に）ご連絡いたしますので、少々お待ちください。

⑤　田中さんは席に着く（かと思うと・が早いか）漫画を取り出して、読み始めた。

⑥　母親の姿を（見つけ次第・見つけるなり）、その子は走って来た。

I.

A. 「～着く」をまとめてみましょう。

① 帰り着く、たどり着く──ある場所に着くこと。

・道が分からなくなってしまったので、今日中に目的の場所に（　　　　　）のは無理だ。

② 居着く、落ち着く──ある場所に長くいること。

・旅行中に見つけた小さな町に（　　　　　）から、もう二十五年になる。

B. 「～下げる」をまとめてみましょう。

① つり下げる、ぶら下げる──物の上の部分だけを留めた状態にしておくこと。

・自転車のハンドルに荷物をつり下げると、バランスが取りにくくて危ないですよ。

② 貸し下げる、もらい下げる──中心となる場所から移すこと。

・過疎に悩むこの町では、観光開発を進めるため、土地の一部を民間企業に（　　　　　）ことにした。

③ 見下げる、繰り下げる──物事の程度を低い方へ移すこと。

・来年から社会保険料の一部が（　　　　　）られるそうだ。

C. 「～下がる」をまとめてみましょう。

① つり下がる、ぶら下がる──物の上の部分だけが留められた状態になっていること。

・両親に両側から手を引かれるたびに、ぶら下がってはしゃいだものだ。

② 引き下がる、飛び下がる──中心となる場所から移ること。

・取り引き先と問題が生じ、話し合いで解決しようとしたが、相手が引き下がらないので、裁判で争うことにした。

③ 成り下がる──物事の程度が低くなること。

・商売に失敗し、借りた金が返せなくなった彼は、とうとう犯罪者に成り下がってしまった。

II.

A. [づらい]／難い[がたい]／[にくい]で終わる言葉を作ってみましょう。

行きづらい ⇒ ＿＿＿＿づらい　　＿＿＿＿づらい　　＿＿＿＿づらい

理解し難い ⇒ ＿＿＿＿難い　　＿＿＿＿難い　　＿＿＿＿難い

覚えにくい ⇒ ＿＿＿＿にくい　　＿＿＿＿にくい　　＿＿＿＿にくい

B.　－［ひと］／［いち（いっ）］で終わる言葉を作ってみましょう。

① 一言　⇒ 一＿＿＿＿　　一＿＿＿＿　　一＿＿＿＿

② 一枚　⇒ 一＿＿＿＿　　一＿＿＿＿　　一＿＿＿＿

③ 一市民　⇒ 一＿＿＿＿　　一＿＿＿＿　　一＿＿＿＿

Ⅲ.　数字を使った表現　読み方を練習して、意味を調べましょう。

三々五々　　　一か八か　　　一から十まで　　　一も二もなく

十中八九　　　万が一　　　　百聞は一見にしかず

著 作 者（五十音順）

阿部祐子（大阪ＹＭＣＡ日本語学校非常勤講師／
　　　　　国際交流基金関西国際センター非常勤講師）

亀田美保（大阪ＹＭＣＡ日本語学校コースアドバイザー）

桑原直子（元大阪ＹＭＣＡ日本語学校専任講師）

田口典子（愛知学院大学非常勤講師／
　　　　　名古屋ＹＷＣＡ学院日本語学校非常勤講師）

長田龍典（大阪ＹＭＣＡ日本語学校専任講師）

古家　淳（大阪ＹＭＣＡ日本語学校教務主任）

松田浩志（蒼風）（プール学院大学国際文化学部教授）

theme study

일본어 파이널점프

초판인쇄_ 2010년 01월 05일
1판3쇄_ 2010년 05월 10일

책임편집_ 이주영 · 김효임
디자인_ 윤미주
펴낸이_ 엄호열
펴낸곳_ (주)시사일본어사
등록일자_ 1977년 12월 24일
등록번호_ 제300-1977-31호
주소_ 서울 종로구 원남농 13번시
전화_ 1588-1582(교재구입문의)
02)3671-0572(교재내용문의)
팩스_ 02)3671-0500
홈페이지_ http://book.japansisa.com
이메일_ tltk@chol.com

ISBN 978-89-402-4135-6 18730

Tema Betsu Jokyu De Manabu Nihongo Workbook (Revised edition)
©Hiroshi Matsuda, Yuko Abe, Miho Kameda, Naoko Kuwahara, Noriko Taguchi,
Ryosuke Nagata and Atsushi Furuya 2008
Originally published in Japan in 2008 by Kenkyusha Limited.

【第1課】

A

＊まず、質問をします。次に表現に注意して会話を聞いてください。そして、質問に答え、会話の内容について話し合ってみましょう。

1.　〔ホテルの人と客〕

（質問）ホテルの人はどんなことを伝えようとしましたか。

女：あの、今晩なんですけど、部屋はありますか。

男：あいにく、今日は・・・。

2.　〔友人同士〕

（質問）二人は何について話していますか。

女₁：ねえ、どうして。嫌な上司でもいるの。

女₂：それもそうなんだけど、もううんざりなのよ。

B

テ ー マ：豊かな発想を育てる

場　　　面：学校の職員室

登場人物：A:25歳女性（教師）、B:35歳男性（教師）

＊

A：先生、ちょっとこれ見てください。

B：何ですか。

A：この間、海へ連れてったときの絵なんですけど、ほら、これ。

B：どうかしましたか。

A：太陽ですよ、太陽。みんな赤くぬってるのに、この子は・・・。

B：おや、そう言えばそうですね。

A：でしょう。普通太陽って言えば、赤なんですが・・・。

B：確かに雲も太陽も白、っていうのは変わってますねえ。

A：この子、いつもユニークな絵を描くんです。

B：面白いですね。といっても、大体赤い太陽なんていう物は、ありそうで、実際にはないんですよ。ああ、いい物がある。ちょっと、これ見てください。

A：あら、きれい。これは夕方ですか。

B：ええ、あまりきれいだったので、写真に撮っておこうと思ってね。ほら、白くなっているでしょう、太陽。

A：あら、本当ですね。へえ。

B：同じ太陽でも時間や場所によって、こんなに色が違って見えるんですよ。この子はそれを見たまま正直に描いたっていうことですね。

A：ええ、大体が、見た物、思った事をそのまま絵にする子なんです。空を黄色く描いたり、人の顔を緑にぬったり。

B：そういう目を持った子を大切にしてやらないとね。みんなが赤い丸い太陽ばかりじゃ、

—1—

こっちもうんざりでしょ。将来、もっと面白い絵を描くようになるかもしれませんよ、
その子。
A: ええ。私もちょっと楽しみにしてるんです。それで、先生に見ていただこうと思いまし
て・・・。それにしても、先生は写真がお上手なんですね。
B: いや、あいにくここにはこれしかないんですが、写真の面白さといったらですねえ
・・・。
A: ええ、ああ、じゃあまた今度ゆっくりうかがいます。

＊

1. 次の点について、メモを取りながら、CDを聞いてください。

（1）場所

（2）話している人

（3）何を見ながら話している？

（4）誰の話をしている？

（5）話の結果は？

2. 次の質問に答えてください。

（1）女の人は男の人に何を見せましたか。

a. 太陽を赤く描いた絵	b. 赤い太陽の写真
c. 太陽を白く描いた絵	d. 白い太陽の写真

（2）それは誰の物ですか。

a. 男の人の物	b. 女の人の物
c. 男の人の生徒の物	d. 女の人の生徒の物

（3）女の人はどうしてそれを見せたのですか。

a. 変わっていて気味が悪かったから	b. ほかの子と違っているので心配して
c. ユニークな絵を見てもらいたかったから	d. 男の人は写真を撮るのが好きだから

（4）男の人はどんな話をしましたか。

a. 少し変わった子なので、注意した方がいい

b. 実際には太陽は赤いばかりではない

c. 実際には太陽は赤でなく、白だ

d. みんなが赤い丸い太陽を描いたら面白い

（5）この会話で二人が話したのはどんなことですか。

a. 絵を教えるのは難しい	b. 太陽の色は変わりやすい
c. ユニークな目を持った子を大切にしたい	d. 写真を撮るのは面白い

3. 自分の書いたメモを見ながら、百字程度で会話の内容をまとめてください。

【第2課】

A

＊まず、質問をします。次に、表現に注意して会話を聞いてください。そして、質問に答え、
会話の内容について話し合ってみましょう。

1. 〔会社の同僚〕

（質問）二人は最近の若い人についてどう思っていますか。

男₁: 今年入った女の子、また一人辞めたんだって。これで、三人目、いや、四人目か。

―2―

男₂: 全く最近の若い子<u>ときたら</u>、これだからねえ・・・。

2. 〔友人同士〕

（質問）母親からの電話について、二人はそれぞれどう思っていますか。

女₁: 一人暮らしを始めたのはいいけど、毎晩のように母から電話がかかってきて、うるさく<u>てしょうがない</u>のよ。

女₂: そりゃあ、お母さんに<u>してみれば</u>、いくつになっても子供は子供だから・・・。

B

テ ー マ：定年後に暮らす場所を考える

場　　面：ある家庭の食卓（妻はキッチンで洗い物）

登場人物：A:45 歳男性（夫）、B:38 歳女性（妻）

＊

A: ねえ、この記事読んだ？　タイの北の方の町に日本人の退職者がたくさん住んでるんだって。

B: へえ。タイ。どうして？

A: そりゃ、気候はいいし、食べ物はおいしいし、何といっても生活費が安いじゃないか。

B: ええ⁉　それでわざわざタイに移って住んでるの？　大勢で？

A: 物価が安けりゃ、広い家が借りられるし、毎日スポーツや趣味が楽しめるし、何だか夢のようだな。どうだい、我々も、定年後はこんな日本を脱出して、外国でゆったり暮らそうじゃないか。

B: 私は遠慮するわ。わざわざ慣れない土地へ行って生活するなんて・・・。はい、コーヒー。

A: 大丈夫だって。この記事にもね、何より人が親切で、現地の人と触れ合っているうちに、言葉も自然に身に付いたって、書いてあるよ。

B: 誰でもうまくいくというわけじゃないでしょう。それより、何だか現地の人に悪いような気がしない？　日本人のお年寄りに大勢で来られて、困ってるんじゃないかな。

A: そんなことないだろ。病院が新しくなったり、仕事が増えたりで、経済的にも助かるはずだよ。

B: でも、日本人がやって来るまでは、静かな町だったんでしょう。現地の人にしてみれば、外国人に生活環境を変えられるわけだから、喜んでる人ばかりじゃないと思うけど。

A: それはやっぱり、我々が考えなきゃならない問題だろうけど、こちらが友好的なら、何とか仲良くやっていけるさ。

B: 実際はもめることの方が多いわよ、きっと。文化や生活習慣が全然違うもの。お年寄りのことだから、わがままも言うだろうし、長い間の習慣や考え方を変えるのも難しいだろうし・・・。ケーキ、少しどうですか。

A: うん。でもお互い、少しは我慢しなきゃしょうがないだろう。我々にとってもそうだけれど、現地の人にとっても、異文化を知るいい機会になると思うんだ。

B: そうかな。別にそんなこと知らなくったって、生活には困らないんだから、いいじゃない。

A: そうじゃないよ。互いに違った習慣や考え方に触れることで、学び合えるんじゃないか。若いころはよく欧米の人に「日本人は魚を料理もしないで食べるんだってね」ってからかわれたものさ。それが今じゃ、すしは世界中どこでも大人気なんだよ。外国の人にとっては、選ぶメニューが一つ増えたってことだろ。交流の機会があれば、新しい出会いや発見ができて、それまでの暮らしや人生がいっそう豊かな物になるんだよ。

B: 本当にそんな冒険するつもり？　新しい出会いや発見は外国に行かなくちゃできない
の？

A: さあね、考えといてくれよ。新しい場所で自分を試してみることも時には必要じゃない
か。

B: お父さんときたら、すぐにテレビや新聞に影響されるんだから。

A: そうじゃないよ。慣れた環境にずっといて、毎日同じ事ばかり繰り返していたら、早く
年を取るぞ。

B: はいはい、肝に銘じておきます。そのお皿、空いたらください。洗ってしまうから。

＊

1. 次の点について、メモを取りながら、CD を聞いてください。
　（1）場所
　（2）話している人
　（3）何について話している？
　（4）男の人の考え
　（5）女の人の考え

2. 次の質問に答えてください。
　（1）二人は何について話していますか。
　　a．外国旅行　　　b．定年後の生活　　　c．日本のお年寄り　　　d．異文化間交流
　（2）新聞記事にはどんなことが書いてありましたか。
　　a．外国に日本人の退職者がたくさん住んでいるという話
　　b．外国語を身に付けるには現地の人と触れ合うことが大切だという話
　　c．昔と違って、今ではすしは世界中で食べられるという話
　　d．慣れた環境で毎日同じ事を繰り返していたら、早く年を取るという話
　（3）どうしてそんなことが起こっていると書いてありましたか。
　　a．現地の人が親切だから　　　　　　　　b．日本より生活しやすいから
　　c．言葉が覚えやすいから　　　　　　　　d．お互いが経済的に助かるから
　（4）女の人はどう考えていますか。
　　a．年を取ったら外国に住んだ方がいい
　　b．外国に住めば言葉を覚えるのも難しくない
　　c．わざわざ文化や習慣の違う所へ行かなくてもいい
　　d．新しい場所で自分を試してみた方がいい
　（5）それに対して男の人はどんな話をしましたか。
　　a．外国で暮らせるなんて夢のようだ
　　b．外国人が増えることを喜ぶ人ばかりではない
　　c．文化や習慣が違えばもめることの方が多い
　　d．異文化の交流があればお互いに生活がいっそう豊かになる

3. 自分のメモを見ながら、百五十〜二百字くらいで会話の内容をまとめてください。

【第3課】

A

＊まず、質問をします。次に、表現に注意して会話を聞いてください。そして、質問に答え、

—4—

会話の内容について話し合ってみましょう。

1. 〔職場の同僚〕

（質問）課長の機嫌が悪いと、どうなりますか。

男：課長、何だか今日はご機嫌がよろしくないようだね。

女：そうね、こんな日に気に入らないことをしようもんなら、何言われるか分からないわね。

2. 〔学生と教師〕

（質問）次にレポートを出すのが遅れたら、どうなりますか。

男₁：あのう、先生。レポート、二、三日待ってほしいんですが・・・。

男₂：君はこの前もそうだったじゃないか。ああ、じゃあ、金曜日。今度出せなければそれまでだよ、いいね。

B

テ ー マ：省エネについて

場 　 面：町を歩きながら

登場人物：A: 渡辺（32歳男性、会社員）、B: 佐藤（26歳男性、渡辺の部下）

＊

A：毎日、毎日、暑いなあ。こんな日に取り引き先を回るのもつらいよなあ。

B：本当ですね。

A：ゆうべも暑くてなかなか寝られなかったよ。

B：全く。やっぱり地球温暖化って本当なんですね。

A：そうだね。しかし、うちは温暖化より電気代の方が心配だな。何しろ両親を入れて五人家族だからね、かなりかかるよ。

B：ああ、ご両親も一緒なんですか。で、毎月どのくらい、ですか。

A：そうだな、今はエアコン代がかかるから、四、五万は行くかな。

B：ええっ、そんなに？　それはかかり過ぎなんじゃないですか、渡辺さん。

A：そうか？　で、佐藤のとこは？　佐藤は確か一人暮らしだったよな。

B：ふふふ。いくらぐらいだと思います？

A：さあね。いくら一人でも一万以下ってことはないだろ？

B：とんでもない。一万になんてなりませんよ。

A：じゃあ、いくらだい。七、八千円くらい？

B：先月の電気代はね、九百円でした。

A：ええっ、佐藤、それ、本当。どんな生活してんの、いったい？

B：僕はエアコンを使わないんですよ。

A：うちにエアコンがない、ということか。

B：いえ、あるにはあるんですが、やっぱり電気代が高いから、よほど暑くならない限りつけません。

A：へえ、よく我慢できるね。この暑さの中で。うちなんかエアコンを切ろうものなら、けんかが始まるだろうな。

B：それから、出かけるときにはうち中の電気の線を全部抜くようにしてます。電気製品は使ってないときにも電力を消費しますからね。

A：なるほど、よく考えてるなあ。君がそれほどのエコロジストだとは思わなかったよ。

B：エコロジスト!?

A：そう、環境のことをよく考えて生活してるっていうエコロジスト。温暖化のこととかさ。

B：いや、そういうわけじゃ・・・。最初はやっぱり少しでも電気代を減らせないかと思ってやってみたんですが、始めてからというもの、面白いように電気代が安くなって、それで、いつのまにか節約が習慣になってて・・・。

A：へえ、偉いなあ。それはすごいよ。僕なんか、エアコンはもとより、ほかの電気製品も必要な物だからとあきらめてたけど、やり方次第で変わるもんなんだね。よし、帰ったらうちでも話して、節約生活始めてもらうよ。

B：渡辺先輩。私は一人暮らしだからできるんですよ。五人家族とは事情が違いますから・・・。

A：皆でエコロジストになろうって、言うだけ言ってみるよ。反対されたら、それまでだけどな。

＊

1. 次の点について、メモを取りながら、CD を聞いてください。

（1）話している人

（2）何についての話？

（3）渡辺さんの心配は？

（4）佐藤さんが行っていることは？

（5）どうしてそれを始めた？

2. 次の質問に答えてください。

（1）この二人はどんな関係ですか。

  a．友人同士　　b．職場の上司と部下　　c．職場の同僚　　d．近所の知り合い

（2）渡辺さんのうちの電気代は一か月いくらぐらいですか。

  a．四、五万円　b．一万円ぐらい　　c．七、八千円　　d．九百円

（3）佐藤さんはどのように電気代を節約していますか。

  a．できるだけ必要な電気製品だけを使うようにする

  b．エアコン以外の電気製品は使わない

  c．よほどのことがない限り電気製品は使わない

  d．エアコンを我慢したり、電気の線を抜いたりする

（4）佐藤さんが節約を始めたきっかけは何ですか。

  a．環境問題に関心があったから

  b．渡辺さんの家の電気代が高過ぎると思ったから

  c．電気代を安くしたいと思ったから

  d．エコロジストと呼ばれたかったから

（5）佐藤さんの話を聞いて、渡辺さんはどう思いましたか。

  a．妻のやり方は正しくない

  b．自分のうちでも節約を考えてみたい

  c．家族が多いので、節約はあきらめざるを得ない

  d．エアコンもほかの電気製品も必要だ

3. 自分のメモを見ながら、百五十〜二百字くらいで会話の内容をまとめてください。

【第４課】

A

＊まず、質問をします。次に、表現に注意して会話を聞いてください。そして、質問に答え、
会話の内容について話し合ってみましょう。

1. 〔近所の主婦〕

（質問）二人の主婦の悩みは何ですか。

A: ねえ、聞いた？　石川さんとこの息子さん、もう就職決まったんですって。

B: ああ、あの子しっかりしてるからね。それにひきかえ、うちの子たちときたら・・・。

A: そんなのお宅に限らず、うちもそうよ。のんきなもんなんだから。

2. 〔友人同士〕

（質問）女の人は絵の値段をどう思っていますか。

男：ええっ、この絵、百万円もするんだって！

女：有名な画家の作品ともなると、そんなものなんじゃない。

B

テ　ー　マ：健康ブームに翻弄される人々

場　　　面：喫茶店

登場人物：A: ゆか、B: まき、C: くみ、いずれも 32 歳女性

＊

A: まき、それ、何？

B: うん、駅前に新しくできたでしょ、フィットネスクラブ。あそこの案内よ。最近ちょっ
と体重がね・・・、だから。

A: へえ、フィットネスクラブ。入ってる人多いんだね。

C: でも、まき、この間、やせるお茶でダイエットしてなかったっけ？

B: ああ、あれね。あれはだめ。二か月やってみたけど、効果はなかったもの。

C: 何だ、また？　そう言ってエアロビクスだって止めちゃったじゃない、三か月で。

A: その前はりんごダイエットだったっけ。

C: 今度はいつまで続くのかな・・・。で、行ってるの？

B: それがね、一回見に行ってみたんだけど、込んでて機械も好きなときに使えそうにない
のよ。泳ぐにしてもプールは人が一杯だったし・・・。

A: へえ、そんなに・・・。健康ブームって言われるだけのことはあるわね。

B: あれ、くみ、それ、何？　薬？

C: 薬、じゃないんだけど。今日は吸い過ぎで、のどがちょっとね。

A: ええっ、くみ、たばこ吸うの？

C: あれ、ゆか、知らなかった？　一日研究所にいると、ストレスたまるのよ。

A: そう、でも、たばこはお酒より悪いって言うわよ。

C: そうね。でも、今はこういう物がいろいろあるのよ。ほら、疲れたときはこのピンクの。
いらいらしたときはこの白いの。野菜不足にはこれ、この緑。朝御飯食べずに出かけた
ときなんかにもいいの。後、飲み過ぎたら、この黄色。

B: さすが薬品メーカーの課長ともなると、違うわね。

A: まきはフィットネスセンターで、くみはピンク、白、緑に黄色で栄養補強か。それにひ

　　きかえ私は・・・。
　　B：ゆかは何にもしてないの？
　　A：そうねえ、特には・・・。できるだけ歩くようにしてるぐらいかな・・・。
　　C：ゆかは、今はやりのウォーキングか。
　　A：そういうわけじゃないけど・・・。早く寝て早く起きる、食べ過ぎ、飲み過ぎはしない。
　　　　そんなところかな、気を付けてることって。
　　B：ふうん、毎日きちんと寝て、きちんと食べる。そんな当たり前のことが一番大切なのか
　　　　もね。

＊

1.　次の点について、メモを取りながら、CD を聞いてください。
　（1）話している人
　（2）何について話している？
　（3）まきさんは何にこっている？
　（4）くみさんは何に詳しい？
　（5）ゆかさんの健康法は？

2.　次の質問に答えてください。
　（1）三人は何について話していますか。
　　　a．それぞれの健康法　　　　　　　　　b．効果的なダイエット
　　　c．栄養補強のための薬品　　　　　　　d．ウォーキング
　（2）まきさんの問題は何ですか。
　　　a．健康についてあまり考えていない　　b．太ったことを気にし過ぎている
　　　c．ほかの方法を試してみようとしない　d．いろいろやってみるが、続かない
　（3）くみさんは健康のためにどんなことをしていますか。
　　　a．栄養補強をしている　　　　　　　　b．たばこをやめようとしている
　　　c．薬の知識を身に付けようとしている　d．一日中研究所にいようとしている
　（4）ゆかさんは健康のためにどんなことをしていますか。
　　　a．ウォーキングをしている　　　　　　b．ジョギングをしている
　　　c．特に何もしていない　　　　　　　　d．お酒やたばこを控えている
　（5）健康を守るのに一番大切なことは何だと言っていますか。
　　　a．お酒とたばこを止めること　　　　　b．よく運動をすること
　　　c．毎日きちんと生活をすること　　　　d．太らないこと

3.　自分のメモを見ながら、百五十〜二百字くらいで会話の内容をまとめてください。

【第5課】

A

＊まず、質問をします。次に、表現に注意して会話を聞いてください。そして、質問に答え、
　会話の内容について話し合ってみましょう。

1.　〔上司と部下〕
　（質問）上司は上田さんをどんな社員だと思っていますか。
　女：あのう、このデータ、上田さんがまとめたんですけど・・・。
　男：どうしたの？　いつも失敗するとは限らないだろう。

—8—

2. 〔友人同士〕

（質問）どんなさいふですか。

　A：いいわね、そのさいふ。ちょっと見せてよ。

　B：だろう、値段からして違うんだから。

[B]

テ　ー　マ：風評被害

場　　　面：台所で、炊事をしながら。

登場人物：A：娘（20歳、女子大生）、B：母（50歳）

＊

　A：ねえ、お母さん。この間の事件のこと、あれから何か聞いた？

　B：何。あの、火事のこと、公園の。

　A：ぞっとするわよね。公園だけじゃなかったし。

　B：もしかして、駅前のアパートの火事にも関係があるって言うの、先月の。

　A：ええ、そうなのよ。警察は同じ犯人じゃないかって、見てるんだって。それでね。

　B：ええ、何。

　A：太郎ちゃんが調べられてるんだって。これ、小さく切るね。

　B：ええっ。太郎ちゃんって、三丁目の吉田さんちの。

　A：そう。何でもね、試験勉強で疲れてストレスの解消にいたずらしたんじゃないかってね。
　　　ほら、来年、高校でしょ。

　B：そうなの。でもちょっと簡単には信じられないわね、その話。太郎ちゃんって、頭も良
　　　くって、全然問題ない子でしょう。

　A：でも、あの火事のあった夜、姿を見たって人がいたらしいのよ。

　B：ええ？　へんね。試験勉強まじめにやってる子が、そんな夜遅くに出かけるかしら。

　A：それもそうよね。

　B：その話、誰から聞いたの。あっ、それオーブンに入れて。

　A：いえ、誰って、今さっき、スーパーで近所の人たちが話してるの、ちょっと耳にしただ
　　　けよ。

　B：そんな程度で、他の人に言っちゃだめよ。まだ、はっきりしたわけでもないんだから。

　A：でも、もうみんな知ってると思うけどね。これ、袋から出すよ！

　B：えん罪の被害って結構あるでしょ。少しはご家族の気持ちも考えてあげないと。

　A：それもそうだけど。最近の子供は怖いわよ。普段はいい子でも、犯罪とは関係ないとは
　　　限らないでしょ。ある日突然変わるんだから。それにやったんならやったで厳しく処罰
　　　しないと、こういった犯罪が増えるばかりでしょ。私たち市民は安心して生活できなく
　　　なるわ。

　B：ちょっとちょっと。逮捕でもされたの、太郎ちゃん。ただ話を聞かれているだけでしょ。
　　　それに姿を見たって人の話、信用できるのかな。その人が犯人なんじゃない。そんな時
　　　間にそんなとこにいたことからして、おかしいでしょう。何してたのかしら。

　A：たまたまジョギングしてたんだって。最近夜走ってる人って多いじゃない。

　B：ジョギングしてる人がそんなに多いのなら、その中の一人かもしれないじゃないの。

　A：まあね。さぁ、お肉はこれでよしっと。

　B：ほかに確かな証拠でも出たのかしら。

—9—

　A：証拠。証拠なんていらないでしょ。姿を見たって立派な証人がいるんだから。
　B：だから、その証人の間違いという可能性もあるでしょ。犯人扱いしない方がいいわよ。
　　　えん罪で、本人だけじゃなくって家族の人生もめちゃめちゃにされてしまうんだからね。
　　　後ですみませんでしたって謝っても、もう遅いんだからね。もう、それはいいから、ト
　　　マトはどうしたの。
　A：あ、忘れちゃった。
　B：もう、いつだってこれなんだから。じゃ、サラダはトマトなしっと。
　A：お母さん、大変、おなべあふれてるよ。

＊

1. 次の点について、メモを取りながら、CD を聞いてください。
　（1）起こった事件
　（2）警察の動き
　（3）犯人について
　（4）母親の考え
　（5）娘の考え

2. 次の質問に答えてください。
　（1）何の話をしていますか。
　　a．試験勉強で疲れている子供の話　　　　　b．アパートの火事の話
　　c．高校に入るための試験の話　　　　　　　d．火事の犯人の話
　（2）取り調べを受けているのはどんな中学生ですか。
　　a．毎晩ジョギングをしている頭の良い子
　　b．夜遅くジョギングをしている人を見た、まじめな子
　　c．試験勉強をまじめにやっている良い子
　　d．火事の犯人だという証拠を握られている子
　（3）母親はこの事件をどう思っていますか。
　　a．娘の話を信じ、知り合いの子が犯人だと思っている
　　b．証人を信じて、えん罪の可能性を否定している
　　c．証人がいるので、えん罪の可能性はないと信じている
　　d．証人がいても、えん罪の可能性があると思っている
　（4）どうして娘は厳しく処罰するべきだと言っているのですか。
　　a．最近の子供が怖いから　　　　　　　　　b．中学生が逮捕されたから
　　c．えん罪被害者がかわいそうだから　　　　d．同じような犯罪が増えないように
　（5）中学生に嫌疑がかかった理由は何ですか。
　　a．夜遅く試験のために勉強ばかりしていた
　　b．夜遅くアパートの近くにいる姿を見られた
　　c．夜遅く高橋さんに公園で姿を見られた
　　d．夜遅く公園で姿を見たという人がいた

3. 自分のメモを見ながら、百五十〜二百字くらいで会話の内容をまとめてください。

【第6課】

A

＊まず、質問をします。次に、表現に注意して会話を聞いてください。そして、質問に答え、
　会話の内容について話し合ってみましょう。

1.　〔職場の同僚〕
　　（質問）野村さんはどんな人ですか。
　　女₁: 野村さんって、きれい好きよね。引き出しの中までいつもちゃんと片づけてあるもの。
　　女₂: っていうよりむしろ神経質過ぎない？　そこまでしなくってもって思うこと、あるわよ。

2.　〔学生同士〕
　　（質問）学生たちは先生についてどう言っていますか。
　　男: 今日の授業だけどさあ、先週習ったこととちょっと違ってないか？
　　女: そうだよね。まあ、教師といえども人間だからね・・・。

B

テ　ー　マ：死をいかに受け入れるか
場　　　面：電話の会話（娘は結婚して別居）
登場人物：A: 母親（58歳）、B: 娘（26歳）

＊

　　A: ねえ、ちょっと話があるんだけど、聞いてくれる？
　　B: 何、深刻そうに。どうかしたの？
　　A: お父さんがね、いつも診ていただいてるお医者様からがんの疑いがあるって言われたん
　　　　だって。
　　B: ええっ、がん？　それ、本当？　いつ言われたの？　どこのがんなの？
　　A: 先週の木曜日よ。腎臓のがんらしい。
　　B: そんな・・・。どうして？　で、検査は受けたの？
　　A: それが・・・。ちょっと音楽小さくして。お父さんね、受けたくないって言うのよ。お
　　　　医者様が予約入れておきましょうと言ってくださったのを断ったんですって。
　　B: 何でよ、受けなきゃだめよ、私が連れて行く。がんなんて早く発見できたら、たいてい
　　　　のものは今の医療で問題なく治療できるはずよ。少しでも早く検査を受けさせなくちゃ。
　　A: お父さんね、もう自分はこの歳まで十分生きてきたから、治療とか手術とかは必要ないっ
　　　　て言うのよ。
　　B: 嫌よ、そんなの。私は納得できないわよ。こんなに医療技術の進んだ世の中で、何もし
　　　　ないで見ているなんて・・・。
　　A: 自分の体のことは自分が一番よく分かるんですって。今すぐどうにかなるわけじゃない
　　　　と言ってたわ。
　　B: そうじゃないわよ。今元気で回復力のあるうちに、ちゃんと治療しなきゃ。病気が進め
　　　　ば、それだけ治療が大変になるんだから。（チャイムの音）あっ、ちょっと待って。（ポー
　　　　ズ）ごめん、ごめん。
　　A: まさしさん？　電話、あとにしようか？
　　B: ううん。大丈夫。
　　A: 手術しても、もうあの歳じゃ、それで本当に良くなるわけじゃないでしょ。入院してい

—11—

ろんな検査をさせられているうちに、体も心も弱くなって、本当に病気になってしまうって、嫌がってた。

B: だめよ、そんな・・・、本当にだめよ。どうして一日でも長く生きようと考えてくれないの。治療なんて死ぬことに比べたら、そんなに大変なことじゃないじゃない。まして、検査ぐらいどうして受けられないのよ。私たち家族のためにも少しでも長生きしてもらいたいの。まさしさん、お風呂、わいてるから。

A: でもね、お母さんもお父さんの気持ち、よく分かる。お父さんはね、最後の時間を治療だ手術だと言って、病院のベッドの上で過ごすより、できるだけ長く家族や友人のそばでこれまで通りの暮らしがしたいのよ。

B: それも分かるけど、でも、どうして・・・。

A: 来月は大好きな歌の発表もあるし、来年も出るつもりらしいわよ。私はお父さんに言ったの。お父さんがそうしたいのならって。これは家族の問題というよりむしろ、お父さん自身のことだから。最後をどう迎えるか、本人が一番良く考えてるはず。たとえ夫婦、親子といえども、口の出せる問題じゃないと思うの。あなたも少し考えてみてくれる？

B: この歳になるまで、お父さんやお母さんがいなくなる日が来るなんて、考えたこともなかった。頭では分かってたけど、本当にいつかそうなるんだね。でも、私はやっぱり嫌だ、ただ見ているだけなんて・・・。明日にでも、うちに帰って私からもお父さんに話してみていい？

A: ええ、そうしてみて。お父さんも話したがってるでしょう。

＊

1. 次の点について、メモを取りながら、CD を聞いてください。
   (1) 何について話している？
   (2) 父親の考え
   (3) 母親の考え
   (4) 娘の考え
   (5) 娘はどうするつもり？

2. 次の質問に答えてください。
   (1) 父親は医者からどんなことを言われたのですか。
      a. 腎臓がんにかかっていて、長く生きられない
      b. がんの疑いがあるから検査をした方がいい
      c. すぐに入院しても手遅れだ
      d. 最後をどう迎えるか考えた方がいい
   (2) 父親はどうしましたか。
      a. 検査を受けた　　b. 検査を断った　　c. 入院した　　d. 手術を受けた
   (3) これからどうするつもりですか。
      a. 今まで通りの生活を続ける　　　b. 検査を受けてから判断する
      c. 治療を受けるため入院する　　　d. 自分で自分の体を健康にする
   (4) 母親はそれについてどう思っていますか。
      a. 父親を無理にでも病院へ連れて行きたい
      b. 父親の自分勝手な判断には納得できない
      c. 父親だけの問題ではなく家族の問題だ

—12—

  d. 父親のしたいようにさせたい
（5）娘はどう考えていますか。
  a. あらゆる方法を試して長生きしてもらいたい
  b. 治療や手術は体を弱くさせるので、させたくない
  c. いくら話し合っても、父親を納得させることはできない
  d. 入院して、治療をしてもこの病気はもう治らないだろう

3. 自分のメモを見ながら、百五十～二百字くらいで会話の内容をまとめてください。

【第7課】

A

＊まず、質問をします。次に、表現に注意して会話を聞いてください。そして、質問に答え、
 会話の内容について話し合ってみましょう。

1. 〔夫と妻〕
 （質問）夫がお金を出したのはどうしてですか。
 A: ええっ、町の花火大会にそんなにお金出したの？
 B: 仕方ないじゃないか、今年もやろうって言い出した手前さ・・・。

2. 〔父と母と息子〕
 （質問）母親は何にあきれていますか。
 A: おい、お母さん、おれのめがねどこやった？
 B: さあ、知りませんよ。正彦、早くしなさい。
 C: はあい、行ってきまーす！
 B: ああ、これ、お弁当！　もう、全く、お父さんといい、正彦といい・・・。

B

テ ー マ：地方都市の画一化
場 　面：待ち合わせ場所
登場人物：A: ちひろ（25歳女性）、B: さやか（25歳女性）、C: けん（25歳男性）、いずれ
   　も会社員

＊

A: ごめん、ごめん、遅くなって。
B: もう、ちひろったら、三十分も。けんもさっき来たばかりだけどね。
A: 課長ったら、ひどいのよ。帰ろうとしたら、「ついでにこれも」なんて言うもんだから。
 「はい」って返事した手前、断れなくなって・・・。
C: いいって、いいって。約束通り、最後に来た人がごちそうしてくれるんだろう。
A: 仕方がないなあ。ばかな約束しなきゃよかった。でも、旅行から帰ったところであんま
 りお金がないから、高いとこはだめよ。
C: 旅行って？　ちひろ、どこ、行ってたの？
A: 沖縄よ。
B: へえ、いいわね。何泊したの？
A: 飛行機が取れなくて、三泊四日だけ。でも、もう二、三泊したかったな。
B: まあ、私なんか休みを取ろうにも取らせてもらえないっていうのに。

C: でも、そんなに長く泊まって、一体何をするのさ。

A: 何もしなくていいじゃない、休みなんだから。海やプールで泳いだり、テニスをしたり・・・。

B: いいなあ、私も行ってみたい。

C: ところで、沖縄って何がおいしいの。郷土料理ってどんな物？

A: さあ、いろいろあるんじゃない？　そう言えば、あんまり食べなかったな、そういうの。

C: ええ？　じゃあ、何食べてたんだよ。

A: 朝はホテルでしょ。昼はアイスクリームとか・・・。で、夜はおしゃれにフランス料理、かな。

C: 何だよ、それ。地元の料理を食べてこそ、旅の楽しみじゃないか。そうだろ、さやか。

B: でも、ちひろの話聞いて気付いたんだけど、ホテルといい、旅館といい、どこへ行っても出てくる物って変わらないわよね。北海道も東京も沖縄も・・・。

A: さやかの言う通りよ。食べ物だけじゃなくて、おみやげでも何でも、その土地にしかない物なんてだんだん少なくなってるんじゃない？

C: そういえば、おみやげなんかは、どこかで作った同じ物をそれぞれの地方で別の名前をつけて売ってるっていう話聞いたことあるよ。

A: ま、いいじゃない。どこに住んでても同じような暮らしができるようになったってことでしょ。それはいいことなんじゃない？　おなかもすいてきたし、そろそろ行きましょうよ。

＊

1.　次の点について、メモを取りながら、CD を聞いてください。

（1）場所

（2）誰が晩御飯をごちそうする？

（3）ちひろの旅行

（4）沖縄の郷土料理

（5）気付いたこと

2.　次の質問に答えてください。

（1）三人はこれからどんな所で晩御飯を食べますか。

 a.　沖縄の郷土料理の店   b.　フランス料理の店

 c.　あまり高くない店   d.　男の人が知っている店

（2）それはどうしてですか。

 a.　男の人が食べたがっているから b.　女の人が食べたがっているから

 c.　みんなお金がないから   d.　ごちそうする人にお金がないから

（3）沖縄ではどんなことをしましたか。

 a.　いろいろな所へ観光に出かけた b.　好きなことをしてのんびりした

 c.　地元の料理を味わった   d.　沖縄にしかないおみやげを買った

（4）沖縄旅行の話を聞いた人はどんなことに気が付きましたか。

 a.　北海道も東京も沖縄も町並みが似ている

 b.　地元の料理を食べなければ、旅は楽しくない

 c.　日本のどこへ行ってもホテルや旅館で出される料理は同じだ

 d.　どの地方のおみやげも実際には同じ所で作られている

（5）旅行に行った人は、どんな考えを持っていますか。
    a.　旅行は三泊四日ぐらいがちょうどいい
    b.　旅行先の郷土料理を食べるのは旅の楽しみだ
    c.　おみやげはどこでも同じ物が買えるので、便利だ
    d.　どこでも同じ暮らしができるのはいいことだ

3.　自分のメモを見ながら、百五十～二百字くらいで会話の内容をまとめてください。

【第8課】

A

*まず、質問をします。次に、表現に注意して会話を聞いてください。そして、質問に答え、会話の内容について話し合ってみましょう。

1.　〔上司と部下〕
  （質問）上司は鈴木さんのことをどう思っていますか。
  女：課長、この仕事、鈴木さんにお願いしてもいいんでしょうか。
  男：んん・・・、彼じゃ、<u>ろくな</u>ものはできんだろうな。

2.　〔会社の同僚〕
  （質問）男の人はゆうべの出来事についてどう思っていますか。
  女：あら、どうしたの、何だかお疲れのようだけど・・・。
  男：ええ、ゆうべ、妻とちょっと・・・。つまらないことを言った<u>ばっかりに</u>、怒らせちゃって・・・。今朝は口もきいてくれないんですよ。

B

テ　ー　マ：コンピュータトラブル
場　　　所：空港で
登場人物：A: 上司（55歳男性）、B: 部下（28歳男性）、C: 航空会社係員（30歳女性）

*

（空港ロビー）
  A：なんか、ずいぶん込んでるな。きっぷはとってあるんだろうね。
  B：ええ、大丈夫です。先月出張が決まったときにインターネットで予約しておきました。ご安心ください。
  A：それならいいが。

（自動チェックイン機）
  B：あれ、この機械使えなくなってますね。ちょっと、聞いてきます。
  A：おいおい、着いた途端にこれか。

（チェックインカウンター前）
  B：すみません。あっちの機械、使えないんですが。
  C：大変申し訳ございません。朝から空港管理のコンピュータにトラブルが発生しまして、今飛行機が飛べなくなっておりまして・・・。
  A：で、いつ直るんだね。
  B：そうそう、いつまでかかるんですか。こっちは大事な会議があるんだ。
  C：それがまだ原因がよくわかりませんので、はあ。
  B：お宅の飛行機が飛ばないんなら、他の会社のを用意できるだろう。

C: いえ飛行機そのものに原因があるのではなく、この空港全体のコントロールができなくなっている状態でして、さっきも電気がついたり消えたりで。ですから全ての飛行機が飛べないんです。

B: お宅の会社いつも使ってるんだから、何とかしてくれよ。

C: できることならとは思うのですが、お話しましたようなことで、飛ぶことはおろか、今上にいるのも、こっちへ向かっているのも下りられない状態なんです。

A: 何だそれは、いったいどうなってるんだ。

C: こんなことを申し上げるのも変な話ですが、現場の私達にも、何がどうなっているのか、回復にどれぐらいかかるか、現在、さっぱり分からない状態なのです。

B: 部長どうします。

A: しょうがないだろう。新幹線で行くか。向こうには私から連絡しておくから。

B: はい、分かりました。ええっと、そうそう、お金はちゃんと返してもらえるんだろうね。カードで支払ったんだけど。ほら、予約番号はこれ。名前は山田。

C: 申し訳ございません、この事故のせいで、お客様からいただいた予約の情報の中で消えてしまったものがございまして。

B: 何だって、じゃ、金は戻らないっていうのか。

C: 今まで経験したことのないトラブルで、私たちもどのように対応していいのかと、現在検討中なものですから。

B: ええっ。こっちは、確かに予約してるんだ。

C: 申し訳ございません。コンピュータが正常に戻りましたら、改めてご連絡致しますので、こちらにご連絡先をお書きいただけませんでしょうか。

A: おいおい急ごう。金のことは後だ。さ、行くぞ。

B: ネット予約にしたばっかりに。ろくなことないな。

（チャイムの音）

「お客様にご案内申し上げます。ただいま東日本空港は空港全体を管理しているコンピュータに事故が発生し、大変ご迷惑をおかけいたしております。現在、全力を挙げて原因を調査中です。お急ぎのところ、申し訳ございませんが、今しばらくお待ちくださいますようお願い申し上げます。繰り返してお伝え致します。現在東日本空港は・・・」

＊

1. 次の点についてメモを取りながら、CD を聴いてください。
   - （1）場所
   - （2）何が起こっている？
   - （3）解決はいつ？
   - （4）原因
   - （5）これからどうする？

2. 次の質問に答えてください。
   - （1）二人の男性はどんな関係ですか。
     - a.　会社の上司と部下
     - b.　空港のお客同士
     - c.　空港の職員と上司
     - d.　空港の職員同士
   - （2）これから何をしようとしていましたか。
     - a.　飛行機で出張に出かけようとしていた
     - b.　飛行機で出張から帰ろうとしていた

   c.　飛行機事故の原因を尋ねようとしていた　　d.　空港の事故を調べようとしていた

（3）トラブルの原因はなんですか。

   a.　コンピュータウィルス　　　　　　　　　b.　データの一部が消えたこと

   c.　不明　　　　　　　　　　　　　　　　　d.　飛行機のコンピュータが故障したこと

（4）二人は飛行機を使いますか。

   a.　事故の回復を待って飛行機に乗るつもり

   b.　事故の調査を待ってから他の飛行機を使う

   c.　新幹線で行くことにした

   d.　原因を調査してから決める

（5）飛行機代はどうなりますか。

   a.　その場ですぐに返してもらえる

   b.　コンピュータが直ったら自動的に処理してくれる

   c.　今は分からない

   d.　あとで空港へ来たら返してくれる

3.　自分のメモを見ながら、百五十〜二百字くらいで会話の内容をまとめてください。

【第9課】

A

＊まず、質問をします。次に、表現に注意して会話を聞いてください。そして、質問に答え、
　会話の内容について話し合ってみましょう。

1.　〔警察官とコンビニの店員〕

　（質問）犯人はどんな男でしたか。

　男₁：で、犯人の顔は見ましたか。

　男₂：それが、店に入ってくるや否や、突然なぐりかかってきたもので・・・。

2.　〔上司と部下〕

　（質問）部長は仕事の責任についてどう考えていますか。

　男₁：部長、今度のことは、一切青山君が・・・。

　男₂：誰がやったにせよ、これはうちの部全体の問題だ。コミュニケーション不足だよ。

B

テ　ー　マ：未来への遺産

場　　　面：小学校の校庭で

登場人物：A: 井上（男性）、B: 吉川（女性）、C: 内山（男性）、それぞれ32歳

＊

　A：こんな箱がよくこのままで・・・。中の物も壊れてるんじゃないかって思ってたけど
　　　・・・。

　B：私たち小学六年生だったのね。卒業の前に、先生が今一番大切にしている物を箱に入れ
　　　て残そうって言ったとき、内山君何度も先生に「どうして」って聞いてたわ。

　C：そうそう、二十年後なんてとても想像できなかったからな。我々も年を取ったんだね。

　B：いやあね、年を取っただなんて。まだ、三十二よ。それより早く開けてみましょう。楽
　　　しみだわ。

（箱を開けて三人が驚き、騒ぐ声。「何、これ」「あ、これ私の」「下手な絵だねえ・・・」）

A: あのとき先生、この箱出すのを忘れて、百年とか二百年後に誰かが発見したら、面白いことになるだろうなんて、言ってなかった？

B: 今、私もそのことを思い出してたの。井上君のロボットとか内山君の絵を見て、未来の人は何て言うかなって。

C: この箱が発見されるや否や、そのニュースは、歴史上の大発見として世界中に伝えられる。中に入っている物の一つ一つが精密な写真になって、研究者の手に渡る。そして・・・

A: 吉川とか内山とかがどんな人間で、どんな人生を送ったか。品物ばかりじゃなく、それに添えられた名前の一人ひとりが詳しく調べられる。そうなれば、その名前も世界的に知られる。

B: 何百年も後で有名になっても、ねえ。今、この箱新聞社に持って行っても、ニュースにもならないし、有名にもならないだろうな。

C: 何百年後でいいじゃないか、夢があって。古代の人形にせよ皿にせよ、何百年後に見つかったから価値がある。そうじゃなきゃ、人形も皿も、普通の誰かの持ち物。価値なんてないよ。

A: そりゃそうだよ。でも、そのころは、何百年後の人間をびっくりさせてやろうとして、物を作ったり、土の中に入れとくやつなんて、いなかっただろうけど。

C: 人形や皿一つ一つについて、誰がいつ何のために作ったかなんて、調べようにも調べられないけど、どれもがみんな芸術家の作品じゃないことだけは確かだよね。

A: だからこそ貴重なんだよ。昔の人が実際に使ってた物だから。その品物から昔の普通の人たちの生活の知恵や工夫が分かる。

C: 我々はそれを見て、いろんなことを教えられたり、考えさせられたり・・・。そう考えると、この箱の中身は「過去からの遺産」、いや「未来への遺産」だな。

B: 内山君たら相変わらず夢のようなことばっかり考えてるのね。もう三十二ですよ。

＊

1. 次の点について、メモを取りながら、CD を聞いてください。

(1) 場所

(2) 話している人

(3) 何をしている？

(4) それはどうして？

(5) 先生はどんな話をしていた？

2. 次の質問に答えてください。

(1) 小学校六年生のとき、三人は何をしましたか。

    a. 先生にいろいろな質問をした   b. 二十年後の未来について想像した

    c. 古代の人形やお皿をさがした   d. 一番大切な物を箱に入れて残した

(2) どんな物が入っていましたか。

    a. 芸術的に貴重な作品   b. 生活に必要な様々な道具

    c. 古い人形や皿など   d. 子供のおもちゃや絵など

(3) 箱に物を入れたとき、先生はどんなことを言いましたか。

    a. 二十年後にはみんなどうなっているだろう

    b. 百年後、二百年後の人々はどのように暮らしているだろう

—18—

  c.　もし箱を出すのを忘れたらどうなるだろう
  d.　もし自分が世界的に有名になったらどうするだろう
（4）三人は、未来の人たちがどんな反応をするだろうと考えましたか。
  a.　世界的なニュースになる
  b.　誰かのいたずらだと思うだろう
  c.　誰がいつ何のために作ったか調べるだろう
  d.　芸術家の作品だと思うだろう
（5）過去の遺産は未来の人々にとってどのような物だと言っていますか。
  a.　芸術家が作った物と同じくらい価値ある物だ
  b.　生活の知恵や工夫が分かる貴重な物だ
  c.　誰がいつ何のために作ったかを調べるための物だ
  d.　夢の中に出てくるような美しい物だ
3.　自分のメモを見ながら、百五十～二百字くらいで会話の内容をまとめてください。

【第10課】

A

*まず、質問をします。次に、表現に注意して会話を聞いてください。そして、質問に答え、
　会話の内容について話し合ってみましょう。
1.　〔夫と妻〕
　（質問）夫はどう思っていますか。
　A: うちはどろぼうに入られるようなことないわよね。
　B: まあね。でも、気を付けるに越したことはないよ。
2.　〔友人同士〕
　（質問）山田さんは、どう思っていますか。
　男₁: 山田、就職、どうだった。
　男₂: うん、残念ながら。
　男₁: こっちも、そう。どこの大学で、何が専門でって、もう嫌になってきた。
　男₂: うん、でも、この社会で生きていくからには、な。

B

テ　ー　マ：学歴
場　　　面：ある飲食店での同窓会
登場人物：A: 竹田、B: 安田、C: 伊藤、いずれも 37 歳男性
＊

　A: おい、安田。久しぶりだな。それにそっちは伊藤か、懐かしいな。
　B: おう、久しぶり。
　C: ええっと、君は・・・。
　A: 竹田だよ、三年のとき同じクラスだった、竹田安弘。
　C: ああ、竹田か。あんまり立派になってるから分からなかったよ。それにしても久しぶり
　　　だな。何年ぶりだ？
　A: 高校を卒業してからだから、もう二十年だなあ。
　C: そうか、そんなになるのか。それで、今何やってるんだ？

A：うん、イタリア料理のレストラン。

C：へえ、レストランを経営してんのか。

B：竹田はすごいんだぞ。レストランといっても東京だけじゃなく、関西や九州など全国に店を持ってるんだ。

C：へえ、そいつはすごいなあ。それにしても、安田は詳しいな。

B：この前、雑誌に出てたんだ。

C：雑誌で!?　へえ、竹田は有名なんだ。

A：一応な。ま、何とか知られてきたってとこかな。

C：でも、どうして。お前、確か進学するって言ってなかったかい。

A：ああ、そうだったんだけどさ。志望校受験に失敗して、進学をあきらめて・・・。それでも、学歴なしで何とかやっていけるように何か技術を身に付けようと思って、イタリアの料理学校へ行ったんだ。

B：へえ、イタリアの・・・。受験に失敗したおかげで今は有名レストランの社長か・・・。

A：この道に進むからには何としても成功してやろうと思ってな。

B：我々は大学に入ったばっかりに、平凡なサラリーマン、なあ、伊藤。

C：本当だな。毎日上司の顔色ばっかり気にしてさ。

A：そんなことないだろ。立派な学歴のおかげで、一流企業に入って、なかなかうまくやってるじゃないか。

B：そりゃ学歴はあるに越したことはないさ。しかし、一流ったって、入ってしまえばサラリーマンはサラリーマンだよ。

A：もう止めよう。それより今日は飲もうじゃないか。せっかくのクラス会なんだから。

C：そうそう。何を言っても仕方がないよ。嫌なら辞めるまでさ。今からでも遅くはないぞ。

B：できるもんなら、もうやってるよ。伊藤は、相変わらず楽天的だな。うらやましいよ。

＊

1. 次の点について、メモを取りながら、CD を聞いてください。

（1）場所

（2）話している人

（3）竹田さんの仕事

（4）ほかの二人の仕事

（5）みんなは学歴についてどう思っている？

2. 次の質問に答えてください。

（1）三人はどんな関係ですか。

    a．会社の同僚　　　　　　　　　　b．取り引きの相手

    c．レストランの経営者　　　　　　d．高校時代の友人

（2）竹田さんはどんな仕事をしていますか。

    a．有名レストランの経営者　　　　b．料理学校の先生

    c．一流企業のサラリーマン　　　　d．雑誌の評論家

（3）どうしてその仕事を選んだのですか。

    a．高校時代からの夢だったから　　b．学歴がなくてもやっていけると思ったから

    c．イタリアに行ったことがあったから　　d．一流企業に入れなかったから

（4）ほかの二人はサラリーマンについてどう言っていますか。

  a. やりがいがある   b. やりがいがない
  c. やってみた方がいい   d. やるべきではない
（5）三人は学歴についてどう考えていますか。
  a. なければならない b. ない方がいい c. あった方がいい d. なくてもいい
3. 自分のメモを見ながら、百五十〜二百字くらいで会話の内容をまとめてください。

【第11課】

A

*まず、質問をします。次に、表現に注意して会話を聞いてください。そして、質問に答え、会話の内容について話し合ってみましょう。

1. 〔職場の同僚〕
 （質問）二人は田中部長のことをどう思っていますか。
 女₁: ねえねえ、田中部長ってまだ四十代だって知ってた？
 女₂: へえ、そんなに若いの？　それにしては部長・・・。

2. 〔夫と妻〕
 （質問）夫は息子のことをどう思っていますか。
 A: ねえ、一郎にちゃんと言ってよ。あの子ったら、またこの前のテストも・・・。
 B: いいじゃないか。あいつもそれなりにやってんだから。

B

テ　ー　マ：偏見
場　　　面：職場
登場人物：A: 中山（25歳男性）、B: 岡本（24歳女性）、C: 安井（30歳男性）

＊

 A: 部長、今日も休みだね。海外出張の疲れでも出たのかな。
 B: それにしては、ちょっと長いんじゃない？
 A: そう言えばそうだね。でもさ、海外出張って、みんな「いいな」って言うけど、それなりに疲れるもんだよ。疲れがたまって、帰ってすぐ調子が悪くなるなんてことも、よくあることだよ。
 B: ただの疲労だったらいいけど・・・。
 A: えっ、どういうこと？
 B: 何か変な病気じゃないかって言ってる人もいるのよ。だって、普通なら、風邪とか何とか説明があるじゃない？　それが今回はちょっと体の調子がって、もう一週間よ。
 C: おいおい、中山。部長、昨日から入院したらしいよ。
 A: ええっ、本当ですか。どうして？
 C: さっき、課長から伝えられたんだけど、詳しいことは一切なし。しばらくは出て来られないそうだ。（「岡本さん、これお願い」）
 B: ほら、やっぱり。悪い病気だって考えるよりほかないんじゃない？
 C: 悪い病気って？
 B: ちょうど今話してたところなんですけど、最近海外で日本じゃ珍しい病気にかかる人って多いでしょ。部長もそうじゃないかって・・・。私はお見舞いの方は遠慮させていただきます。

A：何だ、岡本さん、冷たいな。

B：だって、当然じゃない、そんなこと。どんな病気か分からないのに・・・。

C：その見舞いのことなんだけど、課長からしばらくは様子を見るようにって。

B：ますますおかしいですね。万一、感染でもしたらいけないからっていうことですよね。

C：そうじゃないよ。今みんな忙しいときだから、部長の方からお見舞いの必要はないって連絡があったんだって。

A：さすがは部長ですね。そりゃそうですよね、まさか悪い病気だなんて・・・。

B：でも、それ本当かな・・・。

C：全く・・・ちょっと会社を休んだだけで、こんなふうに言われるんじゃ、病気もできないな。（「岡本さん」という遠くからの音の声）岡本さん、課長が呼んでますよ。

＊

1. 次の点について、メモを取りながら、CD を聞いてください。

（1）場所

（2）話している人

（3）誰のことを話している？

（4）女の人が心配していることは？

（5）それはどうして？

2. 次の質問に答えてください。

（1）三人は何について話していますか。

    a．海外出張のときに気を付けること   b．最近はやっている珍しい病気

    c．部長が休んでいる理由   d．お見舞いに持っていく物

（2）女の人が心配しているのはどんなことですか。

    a．部長は海外出張で疲れたのかもしれない

    b．部長は外国で悪い病気にかかったのかもしれない

    c．部長がいないと、仕事が進まないかもしれない

    d．部長のお見舞いには早く行った方がいいかもしれない

（3）それはどうしてですか。

    a．何の説明もないし、休みが長いから

    b．部長が海外出張ばかりしているから

    c．忙しいときなのに休んでいるから

    d．部長がお見舞いに来させたがっているから

（4）女の人の心配について、男の人たちはどう考えているのですか。

    a．正にその通りだ

    b．そうでないとも限らない

    c．そんなことがあるはずがない

    d．そう考えずにはいられない

（5）部長からどんな連絡がありましたか。

    a．忙しいときだからお見舞いには来なくてよい

    b．風邪（かぜ）を引いたので、一週間ほど休む

    c．感染するといけないから、しばらく様子を見る

    d．海外で悪い病気にかかったので、入院する

3. 自分のメモを見ながら、百五十～二百字程度で会話の内容をまとめてください。

【第12課】

A

＊まず、質問をします。次に、表現に注意して会話を聞いてください。そして、質問に答え、会話の内容について話し合ってみましょう。

1. 〔恋人同士〕

（質問）女の人はどうしてあきれていますか。

A: うそ！　たかがボールペンに一万円も・・・。

B: 気に入ったんだから、いいじゃないか。

2. 〔母と娘〕

（質問）娘は普段どんな生活をしていますか。

A: 早く帰ったら帰ったで、テレビばっかり見て！

B: いいじゃない。めったにないことなんだから。

B

テ　ー　マ：動物との接し方

場　　　面：テレビのトークショー（局のスタジオで）

登場人物：A: 司会者（28歳女性）、B: 司会者（35歳男性）、C: ゲスト、猿回し（60歳男性）

＊

（猿回しの芸が披露された後で）

A: どうもありがとうございました。とても息の合った技を見せていただきました。

B: ここまで教えるには相当なご苦労があったと思いますが、猿に技を教えるのに一番大切なことは何でしょうか。

C: そりゃ、猿との信頼関係だね。それがなきゃお客を喜ばせるようなことはできないね。

B: なるほど、信頼関係ですか。でも、それを築くのはそんなに簡単なことじゃないでしょう。

C: そうだな、まずは猿にこっちの方が強いんだぞってことを十分分からせなきゃならないんでね。（猿の鳴き声）シッ！

A: でも、言葉では難しいじゃありませんか。

C: いや、言葉も分かるよ。でも、それで無理なときは体に教える。

A: 体に教えるとおっしゃいますと。

C: 言葉は悪いけれど、時にはなぐったり、けったりすることもあるね。

A: ええっ、なぐったり、けったりですか。

B: なぐったり、けったりって聞くと、私なんかは、かわいそうだなあって思うんですが・・・。

C: かわいそうったって、言葉で無理なときは、そうしないことにはねえ・・・。まあ、ある程度信頼関係ができてからだけどね、体に教えるのは・・・。

B: いや、だからって。信頼関係ですか。

A: 野生の猿と比べると、人間と暮らすっていうのは猿にとっても大変なことなんでしょうね。やはり動物は動物らしく自然の中で自由に・・・。

C: 自由な方が幸せってことですか。それに自然、自然ってよく言うけど、弱い者は早く死に、強い者だけが生き残る。そっちの方が、動物たちが幸せだって、そんなこと誰にも分からないと思うけどな。

A: それはまあ・・・。（猿が少し大きな声を出す）きゃあ！

C: 大丈夫！　大丈夫！　動物だって苦労なしでえさがもらえるならその方がいいんじゃないのかい。うちにいる猿たちは少なくともえさの心配はないし、それに病気になったらなったで薬もちゃんと飲ませてやるし、人間に飼われることがそれほど悪いこととは思わないけどね。

A: いえ、何もそういうことじゃ・・・。

C: よくね、猿に技を教えているところだけを見て、残酷だとか、かわいそうだとか言う人がいるんだけどね。そんな人に限って、何も分かっちゃいないんだ。ペットを飼って、大切にして、相手のことも考えずに、可愛い可愛いって言ってるだけ、そっちの方が、よっぽど残酷だよ。

A: はあ、そうでしょうか・・・。

C: 自分の子供と同じだよ。・・・愛情だよ、愛情。たかが猿と思うだろうがね、愛情があるからこそ信頼関係が築けるんだよ。猿たちの方がよっぽど分かってくれるね。

B: ううん、そう言われてみれば、そんな気もしますね。

＊

1. 　次の点について、メモを取りながら、CD を聞いてください。

（1）場所

（2）話している人

（3）猿と暮らす男の人の仕事は？

（4）話を聞く二人の考え

（5）猿と暮らす男の人の考え

2. 　次の質問に答えてください。

（1）この会話はどんな場所で行われたものですか。

　　a．動物園の中　　　　　　　　　　　　b．テレビ番組の中

　　c．猿のいる公園　　　　　　　　　　　d．野生動物のいる森

（2）猿との信頼関係を築くためにどんなことをすると言っていますか。

　　a．自分の方が強いことを分からせる　　b．人間の言葉を教える

　　c．野生の中で自然に育てる　　　　　　d．人間の生活に慣れさせる

（3）それに対して話を聞く二人はどう思っていますか。

　　a．それは必要なことだ　　　　　　　　b．それは大変なことだ

　　c．それはかわいそうなことだ　　　　　d．それは自然なことだ

（4）猿と暮らす男の人は、野生動物の生活についてどう考えていますか。

　　a．自然の暮らしがいいとは限らない　　b．野生の動物は自由でいい

　　c．人間と暮らすより幸せだ　　　　　d．自然の中で強い者だけが生き残ればいい

（5）猿と暮らす男の人は猿をどう思っていますか。

　　a．人間に飼われる猿はかわいそうだと思っている

　　b．自分の子供のように愛情を持っている

　　c．自分の仕事のために必要な物だと考えている

　　d．えさをやったり、薬を飲ませたりで世話が大変だと思っている

3. 　自分のメモを見ながら、百五十〜二百字くらいで会話の内容をまとめてください。

【第 13 課】

A

＊まず、質問をします。次に、表現に注意して会話を聞いてください。そして、質問に答え、
　会話の内容について話し合ってみましょう。

1.〔近所の主婦〕
　（質問）二人のご主人は家事を手伝いますか。
　A: 主人が手伝うって言っても、ごみを出してくれるくらいが精々ね。
　B: 似たようなもんよ、うちも。

2.〔職場の同僚〕
　（質問）井上さんはお酒が飲めないのですか。
　A: じゃあ、乾杯！ ・・・あれっ、井上さん、お酒、飲めないの？
　B: いえ、飲めなくもないんですが・・・。

B

テ　ー　マ：日本の住宅事情
場　　　面：マンションの一室
登場人物：A: さち、B: みさと、C: じゅんこ、いずれも 28 歳女性
＊

　A: はあい、いらっしゃい。遅かったわね。
　B: じゅんこが三十分も遅れたのよ。それに道を間違えて・・・もう、散々。
　C: ごめん、ごめん。そんなに怒らないでよ。
　B: ごめんじゃ済まないわよ。うち中掃除してて遅れたんだって。いつもはしない人がより
　　によってこんな日に・・・。ねえ、さち。
　A: いいわよ、それより、さあ、上がって。
　C: おじゃましまーす。
　B: 失礼します。へえ、なかなかいいマンションじゃない。
　C: ほんと。リビングも広くて明るいし、台所も使いやすそうだし・・・。
　A: ありがとう。
　B: こんな所なら一人暮らしも悪くないわね。
　C: 私も精々がんばってこんなマンションに住みたいなあ。
　B: こっちの部屋は？　あら、カーテン閉めたままなの。
　A: 開けてもいいんだけど・・・。
　B: まあ、こんな近くにとなりのマンションがあるのね。
　C: あらあ、向こうのマンション、部屋が中まで見える。
　A: そうなのよ。向こうからだって、こっちの中まで見えるってこと。プライバシーを守る
　　ためにはしょうがないの。
　B: そうか、それで昼間からカーテン閉めてるのね。
　A: そうなの。でも、それだけじゃないのよ。洗濯物にしたって外にはちょっとね・・・。
　C: 私のとこもね、今度隣りに大きいマンションが建つらしいんだけど・・・。
　A: じゃあ、じゅんこの所もすぐここと同じになるわよ。
　C: 嫌ねえ、一つしかない窓がかべになっちゃうとは・・・。ところで、さち、ここ、お隣

—25—

りさんとのお付き合いはあるの？
A: なくはないんだけど。できるだけ、しないようにしてるの、私の方からは。どこの誰か
　　分からない人との付き合いなんて、面倒でしょう。
C: そうね。マンション暮らしも楽じゃないよね。その点、みさとの所はいいわね。庭付き
　　の一戸建てだから。
B: 何言ってんのよ。一戸建てだって、事情は同じよ。
C: あら、どうして。
B: お隣りさん、ちょっとうるさいの。テレビやステレオの音。それに話し声だってよく聞
　　こえるし。だからって、静かにしてくださいなんて言えないし・・・。
C: そうね。
B: それだけじゃないわ。うちの二階からはお隣りの庭が見えるし、お隣りからはうちのリ
　　ビングの中まで見えるようよ。
A: へえ、どこも同じなのね。
C: 今の日本、隣りの人の目を気にせず暮らせる所なんてないのかもね。

＊

1. 次の点について、メモを取りながら、CD を聞いてください。

（1）場所

（2）話している人

（3）このマンションの問題は？

（4）一戸建ての場合は？

（5）話の結果は？

2. 次の質問に答えてください。

（1）三人の女の人は何をしていますか。

　　a. 一緒に住む部屋を探している　　　　　b. うち中大掃除をしている

　　c. 二人が一人の部屋を訪問して話をしている　　d. マンションを探している

（2）話をしている場所は、どんな所ですか。

　　a. あまり日が当たらないマンション　　b. リビングも台所も良さそうなマンション

　　c. 窓が一つしかないマンション　　　　d. 洗濯物が外に出せるマンション

（3）どうしてカーテンを開けられないのですか。

　　a. 目の前に別のマンションがあるから　　b. 日が当たって明る過ぎるから

　　c. 隣りの部屋の音がうるさいから

　　d. ほかの人に部屋の中を見られたことがあるから

（4）庭付きの一戸建てに住んでいる人はどう言っていますか。

　　a. マンションよりひどい　　　　　　　b. マンションほどひどくない

　　c. マンションとそう変わらない　　　　d. マンションどころではない

（5）日本の住宅事情について分かることは何ですか。

　　a. マンションより庭付き一戸建ての方がよい

　　b. 明る過ぎる部屋より少し暗いぐらいの方が好まれる

　　c. 一人暮らしの女性は十分気を付けなければならない

　　d. 周りにも建物があるので、プライバシーを守るのが難しい

3. 自分のメモを見ながら、百五十〜二百字くらいで会話の内容をまとめてください。

【第14課】

Ａ

＊まず、質問をします。次に、表現に注意して会話を聞いてください。そして、質問に答え、会話の内容について話し合ってみましょう。

1.〔夫と妻〕

（質問）妻はほめられて、どう思いましたか。

A: うん、うまい！　言うことなし。料理にかけては、日本一、いや世界一だよ。

B: ありがとう。でも、それじゃあ、ほかのことは？

2.〔上司と部下〕

（質問）契約はどうなりそうですか。

A: それで、どう、取れそうなのか、契約は。

B: はあ、一応、押すだけは押しておきましたが・・・。

Ｂ

テ　ー　マ：物を捨てたがらない母と捨てたがる娘

場　　　面：ある家庭の台所

登場人物：A: 母親（65歳）、B: 娘（42歳）

＊

A: お母さん、お母さんは、物を集めることにかけては、天才的だね。そんなコンテストでもあればいいのに。とだなの中、また一杯になってきた。この辺のびんやプラスチックの入れ物捨てるわよ。

B: だめ、だめ。まだ使える物ばかりだから。何かのときに、あると便利なのよ。

A: 何かのときっていつよ。そんな、いつだか分からないようなときのために、こんなにたくさん取っておかなくていいわよ。古い物は捨てましょう。

B: この間だって、夕飯のおかずにするって、うちのお昼御飯持って帰ったじゃない。あのときだって、何か入れ物ないかって、そこ探してたでしょう。案外役に立つんですよ。

A: そうだけど、こんなにいらないでしょう。だいたいどこに何をしまったか忘れてるくせに。使わずにとってあるだけなら、捨てたのと同じよ。

B: 同じじゃありませんよ。どうしてそう物を捨てたがるんだろ、まだまだ使えるのに。

A: どうしてそう物が捨てられないのよ。うちの中に物がたまって仕方がないじゃない。そんなに広いうちでもないんだから、今使わない物は捨てた方がいいって。

B: だって、もったいないわよ、使い捨てなんて。それにごみだって増えるし。

A: だからといってね、うちだけが捨てずにおいても同じよ。こんな物は、何か買えば必ずついて来るし、嫌でもすぐにたまるんだから、わざわざとっておくことないのよ。

B: あんたたちは物があるのが当たり前の時代に育ったからね。でも、こういう時代はいつまでも続きませんよ。毎日毎日こんなにごみが出て、それも、処理するのにすごくお金をかけなきゃならないような化学製品ばかり。みかやしょうたの時代には大変よ、きっと。

A: おっしゃる通りだけど、今はこのとだなの中を片づけたいの。場所だってもったいないわよ、こんなごみのような物ばかり入れておくんじゃ。

B: まあ、ごみだなんて・・・。だいたいね、物を無駄にし過ぎるのよ。お母さんの子供の

ころは毎日お店に行って、その日に必要な分の肉や野菜を買って、紙に包んだり、かご
に入れたりして持って帰ったものよ。ビニールのふくろもなければ、プラスチックの入
れ物もなかった。それでも、少しも困らなかったのに・・・。作るだけ作ってすぐに捨
ててしまうような物ばかり、どうしてこんなにたくさん作る必要があるんだろ。せっか
く作った物なんだから、もっと大切にしなきゃ。

A: 時代が違うわよ、お母さん。時代が変われば、生活のし方も変わるんだから、しょうが
ないわよ。

B: でも、どこかでこのしわ寄せを受けるはずよ。石油も後何年かで底を突くと言うし、環
境問題も起きてるでしょ。昔のように物を大切にして無駄のない生活をしていれば、少
しは良くなるんじゃない？

A: そうね、スーパーのふくろにもごみのふくろにもお金を払わなきゃならない時代になっ
て来たし、古い時代の習慣が見直されてることは確かね・・・。ちょっと待って、だか
らといって、このとだなの話はまた別よ。どうするの、ほかの物が入れられないじゃない。

B: そこは私が後で片づけるから、もういいわ。こういう物はとっておかなくちゃ。

A: 本当に、もう、お母さんたら、言い出したが最後、絶対に曲げないんだから。

B: そりゃそうですよ。まだ使える物を簡単に捨てたりしたら、ばちが当たるわよ。

＊

1. 次の点について、メモを取りながら、CD を聞いてください。

（1）話している人

（2）何について話している？

（3）娘の考え

（4）母親の考え

（5）結局、どうなった？

2. 次の質問に答えてください。

（1）とだなはどんな物で一杯になっているのですか。

    a.　茶わんやお皿　　　　　　　　　　b.　スーパーのふくろやごみのふくろ

    c.　びんやプラスチックの入れ物　　　d.　いろいろなごみ

（2）娘はどうして物を捨てたがっているのですか。

    a.　使い捨ての物に場所をとられると、必要な物をしまう場所がなくなるから

    b.　一度使った物は清潔とは言えないので、捨てるべきだと考えているから

    c.　必要ならいつでも買えるので、また新しい物を買えばいいと思っているから

    d.　どこに何をしまったか忘れてしまうぐらいなら、全部捨てた方がいいと考えているか
    ら

（3）母親はどうして捨てたがらないのですか。

    a.　古い物を大切にしなければならないと考えているから

    b.　まだ役に立つ物なので、無駄にはしたくないと考えているから

    c.　物が多ければ多いほど良いと考えているから

    d.　捨てようにもお金がかかって捨てられないから

（4）母親は今の生活のし方をどう考えていますか。

    a.　物が豊かな時代になったことを孫たちのために喜んでいる

    b.　物が増え過ぎるので、家の片づけが面倒だと言っている

—28—

  c. 物が大切にされる時代になってきたので、良かったと思っている
  d. 物を無駄にしていると、どこかに悪い影響が出ると心配している
（5）結局、どうすることになりましたか。
  a. 娘がとだなの中の物を捨てることにした
  b. 母親がとだなの中の物を捨てることにした
  c. 母親が後で、とだなの中を片づけることにした
  d. とだなの中はそのままにしておくことにした
3. 自分のメモを見ながら、百五十〜二百字くらいで会話の内容をまとめてください。

【第15課】

A

＊まず、質問をします。次に、表現に注意して会話を聞いてください。そして、質問に答え、
会話の内容について話し合ってみましょう。

1. 〔職場の同僚〕
（質問）発表会はどうでしたか。
男₁：おい、新製品の発表会、どうだった？
男₂：うん。これといってね。物はいろいろ出てたけどね。

2. 〔友人同士〕
（質問）試験はどうでしたか。
男₁：よう、試験どうだった？
男₂：ひどい風邪（かぜ）で、それどころじゃなかったよ、全く。

B

テ　ー　マ：国際交流
場　　　面：テレビのインタビュー
登場人物：A: アナウンサー（45歳女性）、B: 寺山和明（68歳男性）

＊

A：今日は、海外の日本語教育を支援するNPO、EN（えん）代表、寺山和明さんにお話
 をうかがいます。寺山さん、どうぞよろしくお願いします。
B：こちらこそ、よろしくお願いします。
A：まずは、グループのお名前、「EN」についてですが、これは「縁がある、ない」の縁
 を表すんですか。
B：ええ、そうです。海外ではよくお金の「円」に間違われますが、「出会い」とか「結びつき」
 という意味の縁です。人と人が交流を深め、より確かな関係を築こうという願いを込め
 ました。
A：なるほど。では、グループの活動についてですが、現在は、アジアの国々を中心に、日
 本語教育を支援していらっしゃるということですね。
B：ええ、ネパール、ミャンマー、フィリピンなどに我々がお金を集めて作った学校があり
 ます。現在は、それぞれの学校で百名ぐらいの人が日本語を学んでくれています。
A：それはすごいですね、百名も・・・。それで、寺山さんご自身が日本語教育に関心を持
 たれたきっかけはどういうことだったんですか。

B：それはですね。私は元小学校の教師で、一九九四年から五年ほどミャンマーの日本人小学校で校長をしていたときの話なんですが、日本語スピーチコンテストがあるというので、聞きに行ったのです。二十代の若者が七名ほど参加し、スピーチにはこれといった物はなかったのですが、ふと見ると、まだ空いている席があるのに、数人のお年寄りが会場の一番後ろに立っていたのです。

A：スピーチをした人たちのご家族ですか。

B：ええ、私も最初はそう思ったのですが、それはスピーチをした若者たちの先生方だったんですね。当時の私がお年寄りと思ったぐらいですから、たぶん六十代か七十代の方々だったと思います。日本人が聞きに来るというので、一週間ぐらい前から毎日家に学生を呼んで、熱心に指導されたそうです。

A：日本人の日本語の先生はいらっしゃらなかったんですか。

B：ええ、当時、ミャンマーに住んでいた日本人は大人も子供も合わせて百二十人程度、小学校の生徒は全部で三十人ほどでした。おとなりの国、タイでは日本人小学校に三千人以上の生徒がおりましたから、全く事情が違いましたね。

A：そうでしたか。そんな中で日本語を学ぶ人たちがおられたんですね。

B：そうなんです。周りに日本人がいないわけですから、国内では使う機会もない、また、日本へ留学するのも一部の限られた人たちだけ。それでも、日本語を学んでくれる人が大勢いたんです。今でも日本語は英語の次に学ぶ人の多い外国語だそうです。

A：それはどうしてなんでしょうか。日本が経済的に豊かになったからですか。

B：それももちろんあるでしょうけど、先生方ですよ。六十代、七十代になるまで日本語を教えて来られた先生方のご努力なくして、ミャンマーの日本語教育は今日まで続いて来なかったと思いますね。手作りの教科書なども見せていただき、これは我々も何かしなければと強く思いました。

A：なるほど、その方々は戦争中に日本語を学ばれたのでしょうか。それどころじゃなかったと思うんですが。

B：そうなんです。戦争という悲しい出来事を経験された人たちがつらい思いもしながら学ばれた日本語なんです。でも、その人たちが、結果的には、今の若い人たちを結び付けるきっかけになった。言葉というのは本来そういうものでしょう。そして、一度交流を持ったら、その関係はそう簡単には消えてなくならないものです。世代を超えて、受け継がれて行きます。ですから、我々は、今度は言葉を友好の道具として交流を深め、周りの国々、そして、その国の人々と少しでも良い関係を築いて行きたいと願っているのです。

A：ええ、本当にそうですね。まだまだお話をうかがいたいのですが、ここでいったんお知らせに参ります。じゃ、寺山さん、そのままでしばらくお待ちください。

＊

1. 次の点について、メモを取りながら、CD を聞いてください。

（1）話している人

（2）グループの活動

（3）寺山さんが日本語教育に関心を持ったきっかけ

（4）ミャンマーで日本語教育が続いている理由

（5）言葉とはどのようなもの？

2. 次の質問に答えてください。

(1) 寺山さんは現在どんな活動を行っていますか。

    a.　いろいろなテレビ番組を作っている　　　　b.　海外で日本語を教えている

    c.　小学校の校長をしている　　　　　　　　　d.　アジアの日本語教育を支援している

(2) グループの名前にはどんな意味がありますか。

    a.．日本のお金を表す「円」　　　　　　　　　b.　日本語教育支援の「援」

    c.・「出会い」や「結びつき」を表す「縁」　　d.　スピーチを表す講演の「演」

(3) 日本語スピーチコンテストで何が一番印象に残りましたか。

    a.　若者たちのスピーチがとてもすばらしかったこと

    b.　六十代、七十代の先生方が若者たちを指導されたこと

    c.　席は空いているのに、お年寄りを後ろに立たせていたこと

    d.　ミャンマーに住んでいる日本人が少ないこと

(4) ミャンマーで日本語を学ぶ人が大勢いるのはどうしてだと言っていますか。

    a.　先生方がこれまで熱心に指導を続けてきたから

    b.　ミャンマーに住む日本人と交流したいと思っているから

    c.　日本へ留学して、様々なことを学びたいと考えているから

    d.　日本の企業に勤めようと考える人が多いから

(5) 寺山さんがアジアの国々でこのような活動を行うのはどうしてですか。

    a.　日本語の先生方を支援するために何かしなければと考えているから

    b.　日本語が話せるようになれば、若者たちが日本に留学できると考えているから

    c.　どの国でも日本語が通じるようになれば便利だと考えているから

    d.　言葉を友好の道具として交流を深め、良い関係を築きたいと考えているから

3. 自分のメモを見ながら、百五十～二百字くらいで会話の内容をまとめてください。

【第１課】

1. （せっかく電話してもらったけれどもという気持ちを伝えながら）部屋がないと言っている
2. 仕事を辞める理由が何かについて話している

【第２課】

1. あまり頼れないと思っている
2. 一人は母親がうるさいと思っていて、もう一人は、そうだけれども、子供のことを心配しているから仕方がないと思っている

【第３課】

1. いつもなら何でもないことでも、怒られたりする
2. 今度遅れたら受け取ってもらえない

【第４課】

1. 子供たちがしっかりしていないこと
2. （有名な画家の作品だから）高くても当然だ

【第５課】

1. 失敗することもあるけれども、特に仕事ができないとは思っていない
2. とても高いさいふ

【第６課】

1. きれい好きが過ぎて、ちょっと神経質に見える人
2. 教師も普通の人間と同じだから、間違うこともある

【第７課】

1. 自分から「今年もやろう」と言い出したから
2. 主人も息子もいろいろな物を忘れることにあきれている

【第８課】

1. あまり仕事ができる人だと思っていない
2. 言わなくてもいいことを言ったと思って、反省している

【第９課】

1. 犯人の顔は見なかったので、分からない
2. 責任は個人ではなく、部全体にある

【第 10 課】

1. （可能性は少ないけれども、それでも）気を付けた方がいい
2. （就職したくはないけれども）生きていくためには仕方がない

【第 11 課】

1. 実際よりも、年を取っているように見える
2. 息子なりに、がんばっているから心配しなくてもいい

【第 12 課】

1. ボールペンに一万円も払うのはおかしい
2. いつも帰りが遅い生活

【第 13 課】

1. ほとんど手伝ってくれない
2. 飲もうと思えば飲めるけれども、無理に飲みたいとは思わない

【第 14 課】

1. うれしかったが、料理しかほめてくれないのかとちょっと不満そう
2. 取れるかどうか、今は分からない

【第 15 課】

1. 行って良かったとはあまり思わなかった
2. 風邪（かぜ）を引いていて試験を受けなかった

聞いてみようＢ

【第１課】

1. （1）学校（の先生の部屋）
 （2）男の先生と年が下の女の先生
 （3）生徒が描いた絵を見ながら
 （4）絵を描いた生徒の話
 （5）この絵を描くような子を大切にしなければいけない
2. （1）（　ｃ　）（2）（　ｄ　）（3）（　ｃ　）（4）（　ｂ　）（5）（　ｃ　）
3. 学校でユニークな絵を描く子がいて、その子を教えている女の先生が男の先生に相談を持ってきました。しかし、男の先生は自分の写真も見せながら、その子のような個性を持った子供を育てるべきだと言っています。（99字）

【第２課】

1. （1）二人の家
 （2）夫婦
 （3）退職してから、タイに行って生活すること
 （4）少しは問題もあるだろうけれども、物価が安くてゆったり生活できるだろうし、異文化を知るよい機会にもなる
 （5）わざわざそんな所に行かなくてもいい。あまり行きたくない
2. （1）（　ｂ　）（2）（　ａ　）（3）（　ｂ　）（4）（　ｃ　）（5）（　ｄ　）
3. うちで夫婦が定年後のことについて話しています。夫は外国で新しい人生を送りたい、暖かく物価の安い外国で暮らしてみてはと言います。いろいろ問題はあっても、それが現地の人にとっても、自分たちにとってもいい経験になるからと言っています。それに対して、妻は文化や習慣の違いで暮らしにくいから、いろいろな経験は日本にいてもできるからと言って反対しています。（172字）

【第３課】

1. （1）会社の上司と部下
 （2）（電気代）節約の話
 （3）高い電気代のこと
 （4）電気代の節約
 （5）少しでも電気代を減らせないかと思って
2. （1）（　ｂ　）（2）（　ａ　）（3）（　ｄ　）（4）（　ｃ　）（5）（　ｂ　）
3. 会社の上司と部下が電気代について話しています。上司は暑くてエアコンに使う電気代が高くてしょうがないと言っていましたが、部下の佐藤さんは電気代を減らしたいと始めた節約生活に慣れて今はエアコンを使っていません。これを聞いた上司は難しいかもしれないが、自分も家族にその話をしてみて、できれば節約生活を始めたいと言っています。（159字）

【第4課】

1. （1）友達同士
　　（2）（フィットネスクラブやダイエットなど）健康について
　　（3）やせる方法
　　（4）栄養補強について
　　（5）毎日きちんと生活すること

2. （1）（　a　）（2）（　d　）（3）（　a　）（4）（　a　）（5）（　c　）

3. 三人の女性が健康について話しています。まきさんはこれまでにいろいろなダイエットを試してきましたが続かず、今はフィットネスクラブに入ろうと思っています。くみさんは一日中研究所の仕事で疲れていますが、いろいろ栄養補強して健康を守ろうとしています。ゆかさんはウォーキング以外に特別なことは何もしていませんが、きちんとした生活習慣を続けることで健康を維持しています。（179字）

【第5課】

1. （1）（公園と駅前のアパートの）火事
　　（2）同じ犯人だと見て調べている
　　（3）太郎が調べられている
　　（4）証拠もないのに簡単に犯人だと考えてはいけない
　　（5）姿を見た人がいるから、犯人かもしれない

2. （1）（　d　）（2）（　c　）（3）（　d　）（4）（　d　）（5）（　d　）

3. 母と娘が最近あった火事について話しています。娘は買い物先で聞いた「近所の中学生が犯人だ」という話を信じています。中学生は警察に話を聞かれていますが、母はその子は普段からまじめなのでえん罪ではないかと思っています。そして娘に犯人だと決まったわけではないので、外ではそんな話はしないようにと注意しました。（150字）

【第6課】

1. （1）がんになった父親のこと
　　（2）十分生きてきたから、もう治療や手術を受けたくない
　　（3）父親が、自分で考えてしたいようにするのが一番いい
　　（4）頭では分かるけれども、治療を受けて欲しい
　　（5）父親と話をして、自分の考えを伝える

2. （1）（　b　）（2）（　b　）（3）（　a　）（4）（　d　）（5）（　a　）

3. 母親と娘が父親のことについて話している。医者の話によると父親は腎臓がんの疑いがあるが、父親は検査を受ける気がないらしい。たとえがんだとしても、治療を受けるよりこれまで通りの生活を続けたいと思っているからだ。母親は父親の気持ちが分かると言い、娘はすぐに検査を受けて、がんなら早く治療すべきだと思っている。娘は近く、父親と話をするつもりでいる。（170字）

【第7課】

1. （1）会おうと約束した場所

　　(2) 一番遅れてきたちひろ
　　(3) 沖縄に行って、ゆっくりした
　　(4) 旅行中、食べることはなかった
　　(5) おみやげでも料理でも、どこへ行っても同じような物になってきた
2. (1)（　c　）(2)（　d　）(3)（　b　）(4)（　c　）(5)（　d　）
3. 男性一人、女性二人の友人たちが待ち合わせの場で話している。三人はこれから夕食に出かけるが、ちひろという女性が、一番遅く来たという理由で、夕食代を払うことになった。彼女は三泊四日の沖縄旅行から帰ってきたたばかりなので、あまりお金がない。後の二人はちひろの沖縄旅行の話を聞いて、沖縄へ行こうが北海道へ行こうが、同じような物を食べて、同じようなお土産を買ってくるのが今の旅行なんだと考えさせられた。(196字)

【第8課】

1. (1) 東日本空港
　　(2) コンピュータが使えなくて、空港のコントロールができない
　　(3) 今は分からない
　　(4) 分からない
　　(5) 飛行機をあきらめて新幹線にする
2. (1)（　a　）(2)（　a　）(3)（　c　）(4)（　c　）(5)（　c　）
3. 出張のため空港へ来たある会社の社員とその上司が突然飛行機がキャンセルされたので飛行機会社の社員に話している。部下の社員はインターネットで切符を予約していたが、空港を管理するコンピュータのトラブルで、飛行機そのものが飛ばない状況である。原因も分からず、いつ回復するかも分からないので、大切な会議がある二人は結局、新幹線で行くことにした。(167字)

【第9課】

1. (1) 卒業した小学校
　　(2) 小学校で同じクラスだった人たち
　　(3) 卒業するときに記念に残した箱を開けている
　　(4) 二十年後開けようと決めていたから
　　(5) 箱を開けるのを忘れて、未来の人が空けたら面白いだろうと話していた
2. (1)（　d　）(2)（　d　）(3)（　c　）(4)（　a　）(5)（　b　）
3. 昔小学校の同級生だった男女三人が、自分たちがかつて通っていた小学校で話している。今から二十年前、彼らは小学校を卒業する前、先生の勧めで、自分たちが当時大切にしていた物を箱に詰めて校庭に埋めた。三人は今その箱を取り出して、中に入れてあった懐かしい品々を見ながら、遺跡から発見される昔の人たちが使っていた物も、この箱の中身と同じく、過去から未来への遺産だと考えている。(182字)

【第10課】

1. (1) クラス会をしているレストランのような場所
　　(2) 高校時代同じクラスだった友人同士

 （3）イタリア料理のレストラン経営

 （4）サラリーマン

 （5）あるに越したことはない

2. （1）（ d ）（2）（ a ）（3）（ b ）（4）（ b ）（5）（ c ）

3. 三人の男性が二十年ぶりに同窓会で顔を合わせ、話している。二人は大学に進学し、一流会社のサラリーマンになっているが、竹田という男性は受験に失敗したため、学歴なしにやっていける技術を身に付けようとイタリアの料理学校へ進み、現在ではいくつも店を出している有名なイタリア料理レストランの経営者になっている。サラリーマンの二人は今の自分たちと竹田を比べ、学歴に対し複雑な気持ちを感じている。（190字）

【第11課】

1. （1）三人が働いている会社の中

 （2）会社の同僚

 （3）部長のこと

 （4）悪い病気にかかったのではと心配している

 （5）病気の説明もなく、長く休んでいるから

2. （1）（ c ）（2）（ b ）（3）（ a ）（4）（ c ）（5）（ a ）

3. この会社の部長は海外出張から帰って来て以来、会社を休んでいるが、昨日入院したということだ。それを聞いた部下の一人が、悪い病気ではないかと心配している。そんなことはないだろうという人や、そうだと言う人が見舞いについて話している。部長の方からお見舞いの必要はないという連絡があった。（139字）

【第12課】

1. （1）テレビの番組

 （2）テレビの人と番組のお客さん

 （3）猿を飼って、技を教えている

 （4）教え方がちょっと残酷でかわいそうだ

 （5）愛情があれば信頼関係が築けるから、猿の方も自分の気持ちが分かっている

2. （1）（ b ）（2）（ a ）（3）（ c ）（4）（ a ）（5）（ b ）

3. 猿に技を覚えさせることは簡単ではない。まず、どちらが強いか猿に分からせる必要があり時には暴力を使うこともある。女性が動物は自然の中で自由に生きるのがいいと考えているのに対して、猿を教えている人は、弱い者が早く死に、強い者だけが生き残るという自然の中での生活が動物たちには必ずしも幸福だとは言えないと考えている。また、猿に対しては、愛情があるから信頼関係が築けるとも言っている。（188字）

【第13課】

1. （1）さちさんのマンション

 （2）友人同士

 （3）すぐ隣りにマンションがあって、お互い中まで見える

 （4）同じような問題がある

 （5）日本では、隣りの人の目を気にしないでは生活できない

2. (1)（　c　）(2)（　b　）(3)（　a　）(4)（　c　）(5)（　d　）

3. さちさんのマンションはリビングも広くて明るいし、台所も使いやすそうだが、隣りの
マンションがすぐ近くにある。それで、昼でもカーテンを閉めたままの部屋がある。み
さとさんは庭付きの一戸建てに住んでいるが、そこもやはり隣りの家のテレビやステレ
オの音、話し声等が聞こえるし、二階から庭も見えるといった環境だ。日本では隣りの
人の目を気にしないで暮らせる所はないのかもしれないと思っている。（188字）

【第14課】

1. (1) 母と娘

(2) 物を捨てること

(3) 古い物は捨てればいい

(4) 使える物を捨てるようではばちが当たる

(5) 母の物は捨てないことにした

2. (1)（　c　）(2)（　a　）(3)（　b　）(4)（　d　）(5)（　c　）

3. この家の母親は使い捨てはもったいないと考え、ビンやプラスチックの入れ物など、捨
てずにとってある。一方、娘はうちの中に物がたまって仕方がないから、使わない古い
物は捨てた方がいいと考えている。しかし、二人とも、環境問題も起きてきているので、
昔のように物を大切にして無駄のない生活をすることは大切だと思っている。（153字）

【第15課】

1. (1) 海外の日本語教育を支援する NPO の代表

(2) アジアの国々を中心に日本語教育を支援している

(3) ミャンマーで日本語を教えるお年寄りの先生たちに出会ったこと

(4) お年寄りの先生たちが若い人たちに教え続けてきたから

(5) 世代を超えて、人と人とを結びつけ友好を築く道具

2. (1)（　d　）(2)（　c　）(3)（　b　）(4)（　a　）(5)（　d　）

3. 寺山さんは海外の日本語教育を支援する NPO の代表で、アジアの国に学校を建てた
りしている。ミャンマーの日本人学校で校長をしている時、スピーチコンテストを聞き
に行き、日本人の少ない国なのに、日本語を学ぶ人がたくさんおり、その先生が、戦争
中に日本語を学んだ人たちだということを知った。それで、侵略の道具として使われた
日本語を、今度は友好の道具として交流を深め、良い関係を築いていきたいと願ってい
る。（196字）

【第1課】

1. ①二〇〇五
　　②体に障害のある人の生活を知ること
　　③車いすの生活などを体験
　　④ある三年生の質問
　　⑤限られたクラス
　　⑥学校全体の取り組み
　　⑦六
　　⑧国際理解教育などへの導入
　　⑨（猫は人間をどのように見ているのかと）質問した
　　⑩グループに分かれ記録をし
　　⑪発表する
　　⑫（ユニークな）驚きや発見
　　⑬思いがけない／意外な
　　⑭学校全体での
　　⑮Ｓ校教師研修会で
　　⑯学校全体で取り組むこと
　　⑰生き生きと授業にかかわる
　　⑱国際理解教育などへの導入教育としての

2. a.　犬や猫には人間と違う世界が見えるのかという質問
　　b.　子供たちが取り続けた猫の生活記録の結果
　　c.　猫の目クラスを学校全体で始めようと決めたこと
　　d.　猫の目クラスが立場や見方を変えて物事を見る目を育てる教育になったこと

3. A.　人間以外の目で町を見、考えてみるというところ
　　B.　猫の生活・行動を詳しく調べて作った地図
　　C.　猫の立場で人間の世界を見るということ
　　D.　教える側も教えられる側も考えていなかった展開になったから

4. a

【第2課】

1. ①『砂漠の大都市』（という本）
　　②日本科学小説賞
　　③未来都市／地下都市
　　④地下鉄
　　⑤駐車場
　　⑥五十階に住むこと
　　⑦地震が多い

⑧下へ向かおうとしている
⑨広い空間が
⑩地下をうまく利用
⑪技術面
⑫費用面
⑬調査が続けられている
⑭属するのか
⑮今以上に地下空間を使って人が生活する時代
⑯怖いような、楽しみなような

2. a. 現在いろいろな目的で幅広く利用されている地下
   b. 上へ上へと生活空間が広がっていること
   c. 地下が誰の物か、誰に属しているのかという問題
   d. 自分が所有する土地の上、下何メートルまでが自分の物かという点

3. A. 線路も道路も全て地下にあり自由に走り回れる、地下に作られた未来都市を舞台にした作品
   B. 今の生活をもっと良くするために、地上になくてもいい物を地下に持っていくために利用する
   C. 地下の所有については現在まだ問題があるが、将来は人の考え方も変わり解決できると言っている

4. c

【第3課】

1. ①アイスキャンデーを食べること
   ②比べ物にならない物
   ③欠かすことのできない夏の食べ物
   ④何よりのぜいたく
   ⑤冷えたビール
   ⑥季節
   ⑦食べたい物が食べられる
   ⑧夏にセーターを着
   ⑨エアコンが必要以上に使われる
   ⑩夏の暑さや冬の寒さに影響されることのない生活ができるようになった
   ⑪昔経験した夏のぜいたく
   ⑫地球を汚した
   ⑬現在の生活を維持することが困難になる
   ⑭(環境汚染を心配することのない) 新しいエネルギーが開発される
   ⑮今の生活を維持することが悪いことだ
   ⑯(次に何を失うことになるのかと) 少し恐ろしい

2. a. 公園にアイスキャンデーを売りに来るときまで
   b. ビールをおいしそうに飲む父親の姿
   c. (地下街や会社、電車の中の) 温度が自分で調節できないということ

  d．このままエネルギーを使い続けると現在の生活の維持さえ困難になること
 3． A．当時、ビールやアイスキャンデーは冷蔵庫に一年中入っていて好きなときに手に入るという物ではなかったから
  B．排気ガスや温暖化などいろいろな環境汚染で地球に破壊的な影響を与えないこと
  C．現在の生活を維持するために、これからも大切な何かを失うかもしれないこと
 4． b

【第4課】

 1． ①忙しかった
  ②順調だった
  ③もう一つ仕事を頼まれた
  ④心配や悩みが多い
  ⑤天に与えられた贈り物だ
  ⑥いつも見ている物
  ⑦新しい発見をしたような
  ⑧足のトレーニング
  ⑨（緑を目にし、鳥の声を聞くために）公園に寄りたかった
  ⑩公園で時間を過ごす
  ⑪痛い経験
  ⑫健康とは何かを考えさせられる経験にもなった
 2． a．残業が続き、家でも仕事をしていた状態
  b．入院生活になれていったある日
  c．空の色、木の緑、山の形がそれまで見ていたのと違って見えるようになったとき以来
 3． A．会社が機械を売った取り引き先
  B．会社からはこんなに長い休みは頼んでももらえないから
  C．足のトレーニングがしたかったし、公園での時間を楽しみたかったから
 4． b

【第5課】

 1． ①よそ者扱いするという
  ②村八分
  ③定め
  ④人権
  ⑤死刑と同じ
  ⑥小中学校のいじめ
  ⑦（報道の対象となる人の）人権を奪ってしまう
  ⑧我々自身である／（我々自身の）無関心である
  ⑨無関心という立場
  ⑩いじめの対象が自分や自分の家族ではないから
  ⑪自分とは無関係だし、かかわりたくないから

⑫裁判員制度

⑬人を裁く

⑭村八分が残る現代社会のあり方を考えること

⑮我々自身の姿勢について考えること

2. a. 判決に対する疑い

b. 自由に動けない時代に人権を奪われては、今では考えられない苦しみであったと考えること

c. いじめやマスコミ報道が「村八分」と同じように人権を奪うような状況

d. マスコミ裁判の成り行きを見ているだけで、かかわりたくないと思い、無関心でいる態度

3. A. 昔は村八分で、今では学校でのいじめ、マスコミ裁判という形で一方的に裁かれる

B. マスコミの報道によって、反対の意見を出すこともできずに一方的に人権を奪われること

C. かかわりを持つと、自分も村八分のように扱われると心配し何もしないから

4. c

【第6課】

1. ①戸籍上の母

②遺伝子上の母

③代理母

④代理母が産んだ子

⑤（それを許さない）法律がある

⑥社会秩序を乱すことになって

⑦自然の営み

⑧自然の摂理で、人が手を出すべきではない

⑨法律

⑩代理出産なども制度として認める

⑪どのような形で家庭を営むか

⑫経済的理由

⑬離婚

⑭ドイツの制度

⑮赤ちゃんを捨てないで、殺さないで

2. a. 代理母や人工授精、体外受精についてのあらゆる方面からの議論

b. 経済的状況や結婚生活がうまくいかず子供を一人では育てられなくなったような状況

c. どうしても子供を授かりたいと願ったり、授かった子供が育てられず他人の手に託したりする人間

3. A. 日本では代理母は認めていないし、日本の法律では自ら産んだ子でなければ、戸籍に入れることができないから

B. 代理母や人工授精、体外受精に反対の立場と賛成の立場

C. 自由解答（例：世話をしてくれる人に届くようにという気持ちがあるから）

4. d

【第7課】

1. ①昔からの伝統を守った

②民族衣装を着て、おいしい料理を作って迎えてくれ、

③ニコニコしながらお酒を勧めてくれた

④懐かしいにおいのする場面にいる

⑤和やかに

⑥気持ちが通じたような

⑦お互いの心を通わせる

⑧貧しい人が仕事を求めて都市にやってくることだ

⑨「人を見たらどろぼうと思え」

⑩そこに住む人たちの生活

⑪五人兄弟、六人兄弟

⑫何か大切な物がなくなっていくよう

⑬全ての大都市

⑭よく似た

⑮できつつある

⑯同じような道を歩んで欲しくないと思う

⑰複雑な思いを持った

⑱「ダイトシ」に向かって走り続けているように

2. a. ネパールの友人の帰国

b. 顔の前でそっと両手を合わせ、「ナマステ」と言うとき

c. まねをして「ナマステ」と返すこと

d. カトマンズが、世界のほかの「ダイトシ」と同じような道を歩んで欲しくないということ

3. A. 「他の人のことを信じてはいけない」という意味

B. 自由解答（例：伝統や謙虚さ）

C. 友人は日本のような発展を願っているが、自分は必ずしもそれがいいと思っていないということ

4. b

【第8課】

1. ①縁がない

②小学生

③お年寄り

④断る

⑤先生に説得されて、授業を見に行くことになった

⑥いろいろ調べていた

⑦（写真やグラフを使った）しっかりした説明／発表だった

⑧コンピュータを導入した教育の成果

⑨発表の内容がインターネットで見つけた内容そのままかもしれない

⑩調べたの

⑪探した

⑫コンピュータ操作の技術

⑬自分で集めた情報を使って自分の言葉で自分の考えを正確に述べている

⑭そのような若者に育つのだろうか

⑮伝えるべきか、伝えるとしたらどのように伝えるべきか考えてしまった

2. a. 「お年寄りから学ぼう」という交流目的の授業

    b. テーマについて分担して調べた成果

    c. インターネットで取り出した他人が調べた結果

    d. この小学生たちも将来、自分で集めた情報を使って自分の言葉で自分の考えを正確に述べることができない若者になるかもしれないということ

3. A. 子供も孫もいないのに、小学校から電話がかかってきたから

    B. 子供たちとどんな話ができるのだろうと思ったことと年寄り扱いされたこと

    C. 小学生たちがホームページからコピーしたものを発表しているのかもしれないと思うことで、小さな声で隣の子に漢字の読み方を尋ねる子がいることを納得した。

4. d

【第9課】

1. ①巨大な（タコの足のような）木の根が建物を捕まえていること

②あざ笑っているように見える

③（チグリス・ユーフラテス川の洪水で消えた）メソポタミア文明

④（ベスビオ山の噴火で姿を消した）ポンペイの町

⑤パルテノン神殿

⑥タージ・マハール

⑦それ以前の二千四百年の被害

⑧世界中に広がっている

⑨写真を撮れ

⑩人間が息をする

⑪遺産を守るため収入を確保する

⑫被害をさらに進めることに

⑬どう守る

⑭どう共生する

2. a. アンコールワット

    b. タ・ブロムを破壊しようとする植物の生命力

    c. タ・ブロム

    d. 酸性雨による被害

    e. 人類の偉大な遺産を一目見たいと思う人たちが世界のあちらこちらから遺産を訪れること

3. A. 巨大なタコに見える太い木の根が何百年もの歳月を経た建物を捕まえていること

B．酸性雨の被害

C．世界遺産を訪ねて、すぐ近くで見たり、写真を撮ったりして遺産に被害を与えていること

4．d

【第 10 課】

1． ①希望の大学に合格した
②退屈な毎日
③熱中できること
④今の NGO 活動
⑤「自分が必要とされている」と実感できる場所だと思った
⑥「自分が必要とされている」
⑦「居場所」を
⑧自分の居場所を探していた
⑨家で自分の部屋
⑩大学で自由に使える空間
⑪今のような人間関係
⑫しっかりと自分の生きる場所を持ってい
⑬そこでひたむきに生きている
⑭夢や目標を共有できる人間関係がある
⑮キーワード
⑯「居場所」

2． a．自分が NGO 活動を通して上げた成果

b．自分の部屋や大学の空間

c．授業の合間や遊びに出かけたとき、大声で笑いながら友人と過ごした時間

d．フィリピンの家族や村の人たちの間にある、夢や目標を共有できる人間関係

3． A．「居場所」がなかったから

B．A 君がフィリピンに「居場所」を見つけ、満足して生活しているのに帰国したいと言ったから

C．若者が何を求め、どこに向かって生きているかを知る答えが「自らが必要とされる場」を見つけることだと考えられるから

4． c

【第 11 課】

1． ①どこへも出かけない
②命を踏みつぶす恐れがある
③アメリカンインディアン
④アイヌの人たち
⑤これを書いた人も生命について
⑥動植物
⑦ビルマのお坊さん

　　⑧アメリカンインディアン
　　⑨小さな存在の向こうに同じ大きな存在が見据えられている
　　⑩平等の価値を持った物
　　⑪大切にし

2.　a.　雨が降って川があふれる時期
　　b.　生命についてもう一度考えたことと以前にあまりにも似た話を聞いたこと
　　c.　小さな存在のいとおしさをじっと見つめている姿
　　d.　偉大な自然に解け込むようにして、ありのままの姿で生き続けてきた人間

3.　A.　自然に存在する全ての生き物に生命があり、それは人間の生命と同じで、大切にしなければならないというアメリカンインディアンの考え方に似た話
　　B.　簡単に命を奪ってしまう小さな存在でも人間の生命と同じ価値を持った物として、大切にするという姿勢
　　C.　自然に存在する全ての命を同じように大切にするという考え方

4.　a

【第12課】

1.　①生徒が「立場を変え、見方を変えて考えてみよう」という姿勢を学んだことだ
　　②「動物の目」をテーマにして六年生クラスで実施された授業
　　③牛、豚、猿
　　④人間が（自らの勝手な理由からする）動物の扱いを反省しなければならないということ
　　⑤日常、動物を利用するのが当たり前の生活をする
　　⑥（動物の目を通して見た人間の姿が思いがけぬ）大発見であった
　　⑦「境界」
　　⑧「異文化」
　　⑨異文化に置いてみる（動物や植物の立場に立って人間を見直す）
　　⑩異なる立場
　　⑪自らの存在も（境界の向こう側の存在にとっては）異文化であるという
　　⑫国際理解教育
　　⑬人権教育
　　⑭導入教育

2.　a.　「立場を変え、見方を変えて考えてみよう」という姿勢を学ぶ例
　　b.　人間が自らの勝手な理由から動物を利用し、虐待しているが、その扱いを反省しなければならないという立場をとっていること
　　c.　自らがかけがえのない貴重な存在であると知ることは、境界の向こう側の存在も自らと対等であるべきだとの認識
　　d.　国際理解教育や人権教育

3.　A.　以前に「動物の目を通して人間社会を見る」というテーマがあったから
　　B.　動物の目から見た動物と人間の関係を、人間の目を通して見直したとき、生徒たちの動物へのまなざし、扱いが、それまでとは大きく変わっている点
　　C.　「猫の目クラス」への取り組みが、国際理解教育や人権教育への導入教育として重要な役割を果たすであろうということ

4. d

【第 13 課】

1. ①豊かな自然環境に恵まれた
②すぐに音を上げることになるかもしれないと
③人の心の温かさの
④自分のやりたいことに没頭できないと
⑤相手のことを思う
⑥村の人間関係が
⑦少しの間だけここにいて生活する人
⑧プライバシーのなさ
⑨相互に干渉することなどない
⑩みんないつも誰かに見られていると
⑪知られていることが分かっている方がいい
⑫人目が
⑬いつもそばに誰かがいてくれる

2. a. どんな時でも遠慮なく声をかけること
b. 鍵をかけないでいる
c. 村の若い連中が野菜や魚を持って訪ねてきた日
d. 知られていることが分かっている方がましだということ

3. A. 突然現れた見知らぬ人に対しても、村の人みんなが自分の家族のことのように気にかけ、声をかけるから
B. いつも声をかけてくれる人が来ないのは何かあったのだろうかと心配するようになるから
C. 隣の誰々がどんなシャツを何枚持っているかまで知られているというほど村中のみんなが、お互いに何でも知ってると思ったとき
D. 都会では何かしようとすると、それに関する案内や広告が送られてきたりするから

4. d

【第 14 課】

1. ①翻訳
②味と関係する言葉
③「おふくろの味」
④どんな味だろうと考え込んでしまった
⑤「おふくろの味」
⑥おふくろの味と違うなと
⑦電話で聞いてまで「おふくろの味」を作ったのにと
⑧一生懸命工夫する気持ちと作る人の祈りにも似た思いやり
⑨料理の原点だ
⑩新鮮な材料が手に入らないから
⑪本物の材料がないから

⑫「工夫」と「思いやり」がなくなった
⑬食べる人の感謝の気持ち
⑭「おふくろの味」はどんな味か
⑮「おふくろの味」というのは、世界中どこにでもある当たり前の物だと思う

2. a. 翻訳するのに難しい言葉

b. これを書いた人が（「おふくろの味」とは違うと言って）けんかしたとき

c. 新鮮な「本物の」材料を何でも簡単に手に入れること

d. 料理を食べる日

3. A. 「おふくろの味」という言葉の翻訳も難しそうだが、それより、それはどんな味だ
ろうかと考え込んでしまったから

B. 一生懸命工夫する気持ちと、作る人の祈りにも似た思いやり

C. 「おふくろの味」というのは、世界中のどこにでもある当たり前の物で、世界中に
それに相当する言葉があるはずだから

4. c

【第 15 課】

1. ①寒くなく

②がんばっている

③近況を報告するため

④クリスマスの飾り

⑤クリスマスの音楽

⑥腹立たしくなってきた

⑦別の世界での出来事だと思えてきた

⑧どこにも属していないと感じている人が大勢いる

⑨日常の社会の出来事とは関係ないと思って暮らしている人がたくさんいる

⑩国際化

⑪人間交流

⑫クリスマス騒動が

⑬「心のよりどころ」をテーマにレポートを書こうと思った

2. a. クリスマス騒ぎをきっかけに考えさせられた様々なこと

b. クリスマスのときの町全体の様子

c. 何だか腹立たしくなってきた理由

d. どこにも属していないと感じている人が大勢いるだろうということ

3. A. 家の周りに付けられた赤や青、黄などの光が、家々の形を浮かび上がらせ、夢の世
界のようだから

B. どこにも属さず、自分は日常の社会の出来事とは関係ないという思い

C. カナダでのクリスマス騒ぎで感じたことで、どこにも属さない自分のような人間が
いると思った点

4. b

表現を磨こう

【第1課】

Ⅰ．①が、を、競う　②に、失敗した　③が、に／と、重なって　④を、左右する　⑤を、代表して　⑥が、散る

Ⅱ．①うんざり　②あいにく　③正に　④既に　⑤あくまでも

Ⅲ．① a　② a　③ c　④ b　⑤ b　⑥ a　⑦ b　⑧ a　⑨ c　⑩ a

Ⅳ．①もさることながら　②には当たらない　③ならでは　④といったら

Ⅴ．①知らぬ／ん　②読まなければ　③せず　④食べず　⑤見知らぬ

【第2課】

Ⅰ．①に、上る　②に、を、加えた　③に　を　供給する／している　④に、が、潜んで　⑤から　脱出した　⑥を、営んで　⑦を、奪われた　⑧と、交わした

Ⅱ．①何しろ、さっぱり　②どうせ　③およそ　④そう

Ⅲ．① a　② b　③ c　④ b　⑤ d　⑥ c　⑦ c　⑧ a　⑨ b　⑩ c

Ⅳ．①といった　②に決まっている　③ものがある　④てしょうがない　⑤ときたら

Ⅴ．［　　　］内が女性の言葉。

①（友人同士が学校で）

A: ねえ、ハンさん、サントスさんから何か聞いてない（か）［聞いてない］。おとといから学校へ来てないんだよ［来てないのよ］。

B: あ、リンダさん。さあ、何も聞いてないけど。あの人のことだから、また写真を撮りにでも行ったんじゃないか（なあ）［じゃない］。

A: 写真、もうすぐ試験があるのに。

B: ええ、でも、あの人は思いついたら、すぐにでも出かけたくなるんだそうだよ［そうよ］。

A: へえ、そう。じゃあ、何か連絡があったら、知らせてくれよ［知らせて（よ）］。ちょっと手伝ってもらいたいことがあるんだ［あるの（よ）］。

②（職場の同僚が昼休みに）

A: 田中さん、土曜日、野球の試合を見に行かないか［行かない］。

B: 野球、いいね［いいわね］。それで、どことどこの試合。

A: タイガースとジャイアンツの試合（だよ）［試合よ］。僕［私］はタイガースが大好きなんだ［なの］。

B: 野球といえば、ジャイアンツだろ［でしょ］。今度の試合はジャイアンツが勝つに決まってるよ。［決まってるわよ］。

A: それはないだろう［ないでしょ（う）］。タイガースは最近調子がいいんだよ［いいのよ］。

B: じゃあ、どう。タイガースが負けたら、一杯ごちそうしてくれる。

A: ええ、いいよ［いいわよ］。ごちそうしようじゃないか［じゃない］。でも、ジャイアンツが負けたら、田中さんがごちそうするんだよ［するのよ］。

B: もちろんだよ［もちろんよ］。でも、そんなことはまずないから、大丈夫さ／だよ［大丈夫よ］。

【第３課】
　Ｉ．①を、上回って　②に、依存して　③が、完成する／を、完成させる　④に、成功した　⑤を、恐れて　⑥で、が、漏れて、爆発した　⑦を、処理する
　Ⅱ．①維持する　②迫られて　③突いた　④占めている　⑤応える　⑥問う　⑦賄う　⑧かけた
　Ⅲ．① d　② c　③ b　④ a　⑤ a　⑥ d　⑦ c　⑧ a　⑨ a　⑩ b
　Ⅳ．①急がねば　②しようが　③恐ろしい限りだ　④なくなればそれまでだ　⑤歴史の上から
　Ⅴ．①してからというもの　②恐ろしいものがある　③言う／言ったものの　④遊んだものだ　⑤間違えようものなら　⑥聞くものだ

【第４課】
　Ｉ．①に、乗りつけた　②を、担う　③を、受け止め　④が、備えて　⑤に、行き着く
　Ⅱ．①所狭しと　②懇切丁寧に　③ひっそりと　④ひたすら　⑤ピリピリ
　Ⅲ．① b　② b　③ c　④ b　⑤ d　⑥ b　⑦ d　⑧ b　⑨ d　⑩ b
　Ⅳ．①を問わず　②にひきかえ　③ともなると　④に限らず　⑤に違いない　⑥にしても、にしても
　Ⅴ．①だけ　②ほど　③だけ　④ほど　⑤ほど

【第５課】
　Ｉ．①に、追い詰め　②に、降りかかる　③を、さかのぼって　④に、基づいて　⑤に、接する
　Ⅱ．①まして　②いっそ　③あわや　④ともあれ　⑤ぞっと
　Ⅲ．① a　② d　③ b　④ a　⑤ b　⑥ c　⑦ d　⑧ c　⑨ c　⑩ c
　Ⅳ．①もので　②にして　③ずにはおかない　④にあって　⑤とあって　⑥として　⑦始末で
　Ⅴ．①返さずにい　②買わずに済ませ　③遅れずに済んだ　④与えずにはおかない　⑤飛ばず　⑥電話せずにはいられない　⑦引かずに

【第６課】
　Ｉ．①へ、進化した　②が、凝縮されている　③を、判別する　④と、並行して　⑤が、創造された　⑥に、適応した／適応している　⑦を、操作する
　Ⅱ．①積極的に　②謙虚さ　③正常に　④微妙に　⑤大幅に　⑥そっくりだ
　Ⅲ．① c　② d　③ a　④ c　⑤ c　⑥ d　⑦ a　⑧ b　⑨ b　⑩ c
　Ⅳ．①出した　②当てる　③なった　④はがす　⑤失った　⑥引く
　Ⅴ．①という　②という　③といった　④φ　⑤という　⑥φ

【第７課】
　Ｉ．①を、抑える　②が、そがれて　③に、裏切られた　④に、対応する　⑤に、てこずった　⑥に、を、掲げる
　Ⅱ．①とりあえず　②うっそうと　③ついでに　④何とも　⑤何かしら

III. ①d ②c ③b ④c ⑤d ⑥c ⑦c ⑧c ⑨a ⑩c

IV. ①ようにも ②手前 ③こととて ④なりとも ⑤ではないか

V. ①やら、やら ②だの、だの ③なり、なり ④うが、うが ⑤といい、といい

【第8課】

I. ①が、一変して ②を、に、結びつけて ③と、を、結ぶ ④の、に、ゆだねる ⑤に、阻まれて ⑥が、成り立つ

II. ①一切 ②実に ③むっと ④さっさと ⑤なまじ

III. ①a ②c ③d ④c ⑤a ⑥c ⑦d ⑧b ⑨c ⑩d

IV. ①じゃあるまいし ②とばかりに ③としたら ④あっての ⑤で済む ⑥ものか ⑦と言っても過言ではない

V. ①ものか ②ものなら ③というものではない ④ものだ ⑤ものだろうか ⑥もの ⑦ものとして

【第9課】

I. ①を、たどって ②が、盛り上がった ③を、凝らす ④を、と、あがめ（て） ⑤を、抜ける ⑥に、そびえる／そびえた／そびえている

II. ①いよいよ ②一段と ③脈々と ④単に ⑤いつしか

III. ①a ②a ③d ④c ⑤c ⑥b ⑦d ⑧d ⑨a ⑩b

IV. ①たりとも ②とあいまって ③数限りない ④べく

V. ①にしては ②として ③からして ④にしろ ⑤にして ⑥としたら ⑦にしてみれば

【第10課】

I. ①に、巻き込まれた ②に、熱中している ③と、を、両立させる ④に、合格し、と、抱き合って ⑤に、を、費やす ⑥を、越す

II. ①いやおうなく ②思い切り ③延々と ④がっくりと ⑤いわば ⑥やがて ⑦何としても ⑧一応

III. ①b ②a ③b ④c ⑤c ⑥a ⑦d ⑧a ⑨d ⑩b

IV. ①余儀なくされた ②に越したことはない ③あまりの ④につけ ⑤までだ

V. ①から ②おかげで ③だけに ④ものだから ⑤からには

【第11課】

I. ①に、絶望して ②が、尽きる ③を、切り捨てる、を、尊重して ④に、を、宣告した ⑤を、去る

II. ①精一杯 ②あまりにも ③ひしひしと ④即座に ⑤無断で

III. ①d ②a ③d ④c ⑤b ⑥c ⑦c ⑧b ⑨d ⑩d

IV. ①だに ②をおいてほかにない ③に当たり ④が故 ⑤という ⑥よりほかない

V. ①届け出ることになっている ②歩くことにしている ③あきれたことに ④眠ることだ ⑤消えることなく ⑥席のことだから ⑦起こしたことから

【第12課】

Ⅰ．①と、が、共存する／できる　②と、かけ離れた　③に、を、強いる　④を、訴えた　⑤が、存続する／を、存続させる　⑥に、逆らわない　⑦を、に、戻して　⑧に、を、入れた

Ⅱ．①無理やり　②あえて　③故意に　④たかが　⑤何ら　⑥前もって

Ⅲ．① c　② d　③ a　④ a　⑤ c　⑥ c　⑦ c　⑧ a　⑨ a　⑩ a

Ⅳ．①はどうであれ　②にしたところで　③にかかわらず　④を限りに　⑤ないでもない　⑥何ら　⑦に変わりはない

Ⅴ．①パートナー　②ショック　③カット　④パターン　⑤モルモット

Ⅵ．①言われるだけのことはある　②思ったことか　③来ないことには　④恥ずかしがることはない　⑤することは　⑥昔のこととて

【第13課】

Ⅰ．①に、回答すれ　②に、没頭している　③を、ひそめている　④が、浮かび上がった　⑤に、根づいた　⑥を、はばからず　⑦を、突き合わせて

Ⅱ．①辛うじて　②もはや　③よりによって　④必死に　⑤一向に　⑥一心不乱に

Ⅲ．① b　② b　③ c　④ c　⑤ b　⑥ d　⑦ c　⑧ a　⑨ d　⑩ a

Ⅳ．①であっていいはずがない　②なくもない　③とは　④が早いか

Ⅴ．①であれ、であれ　②につけ、につけ　③といい、といい　④にしろ、にしろ

【第14課】

Ⅰ．①が、向上した　②が、出回る　③を、取らない　④に、を、披露した　⑤が、施されている　⑥に、入る

Ⅱ．①いとも　②ひたすら　③到底　④極めて　⑤折りに触れ

Ⅲ．① a　② b　③ b　④ c　⑤ c　⑥ c　⑦ c　⑧ c　⑨ b　⑩ b

Ⅳ．①だけ　②べくもない　③が最後　④にかけては

Ⅴ．①みないことには　②したらしたで　③決めたからには　④なるにせよ　⑤言おうものなら　⑥したところで

【第15課】

Ⅰ．①に、たどり着いた　②が、添えられていた　③に、揺られている　④に、飽きた　⑤を、うずめて　⑥を、紛らす　⑦が、一段落した

Ⅱ．①迷惑に　②冷ややかに　③素直に　④手持ちぶさたな　⑤率直に　⑥頻繁に

Ⅲ．① a　② d　③ a　④ a　⑤ b　⑥ a　⑦ d　⑧ d　⑨ d　⑩ a

Ⅳ．①やら　②どころではない　③といって　④なくして

Ⅴ．①と同時に　②かと思うと　③入った途端　④次第　⑤が早いか　⑥見つけるなり

【第1課】

I.

A. ①設問なし　②飛びつい　③張りつい

II.

A. 最<u>大</u>　⇒　最<u>小</u>　　最<u>高</u>　　最<u>低</u>
　　最<u>優秀</u>　⇒　最<u>優先</u>　　最<u>先端</u>　　最<u>高齢</u>

B. <u>大</u>発見　⇒　<u>大</u>渋滞　　<u>大</u>失敗　　<u>大</u>事件
　　<u>大</u>騒ぎ　⇒　<u>大</u>喜び　　<u>大</u>急ぎ　　<u>大</u>慌て

C. ①歴史<u>上</u>　⇒　仕事<u>上</u>　　記録<u>上</u>　　立場<u>上</u>
　　②舞台<u>上</u>　⇒　画面<u>上</u>　　地球<u>上</u>　　道路<u>上</u>

【第2課】

I.

A. ①打ち上げ　②作り上げた　③差し上げる

B. ①飛び上がっ　②設問なし　③震え上がっ　④設問なし

II.

A. 可能<u>性</u>　⇒　専門<u>性</u>　　将来<u>性</u>　　必然<u>性</u>
　　科学<u>的</u>　⇒　国際<u>的</u>　　部分<u>的</u>　　心理<u>的</u>

B. あい<u>つら</u>　⇒　や<u>つら</u>　　これ<u>ら</u>　　彼<u>ら</u>
　　私<u>たち</u>　⇒　学生<u>たち</u>　　子供<u>たち</u>　　動物<u>たち</u>
　　あなた<u>方</u>　⇒　先生<u>方</u>　　お客様<u>方</u>　　皆様<u>方</u>
　　国<u>々</u>　⇒　人<u>々</u>　　島<u>々</u>　　山<u>々</u>

C. <u>旧</u>大陸　⇒　<u>旧</u>正月　　<u>旧</u>タイプ　　<u>旧</u>ソ連
　　<u>前</u>大統領　⇒　<u>前</u>社長　　<u>前</u>世紀　　<u>前</u>段階
　　<u>元</u>大統領　⇒　<u>元</u>教師　　<u>元</u>歌手　　<u>元</u>野球選手

【第3課】

I.

A. ①やり出し　②漏れ出した　③取り出して　④考え出した

B. ①流れ出　②願い出た

II.

A. <u>総</u>電力　⇒　<u>総</u>人口　　<u>総</u>選挙　　<u>総</u>仕上げ
　　<u>全</u>世界　⇒　<u>全</u>人口　　<u>全</u>財産　　<u>全</u>人類

B. 発電<u>量</u>　⇒　仕事<u>量</u>　　排気<u>量</u>　　運動<u>量</u>
　　発電所<u>数</u>　⇒　希望者<u>数</u>　　ページ<u>数</u>　　（学習）時間<u>数</u>

C. 世界<u>中</u>　⇒　学校<u>中</u>　　日本<u>中</u>　　国<u>中</u>
　　計画<u>中</u>　⇒　授業<u>中</u>　　会議<u>中</u>　　食事<u>中</u>

D．白血病　　　⇒　　　公害病　　　　伝染病　　　　狂犬病
　　　原爆症　　　⇒　　　花粉症　　　　後遺症　　　　不眠症

【第4課】

I.

A．①書きかけた　②話しかけ
B．①沈みかかっ　②なぐりかかっ

II.

A．健康法　　　⇒　　　学習法　　　　製造法　　　　ダイエット法
　　歩き方　　　⇒　　　考え方　　　　食べ方　　　　持ち方
B．疲れ気味　　⇒　　　風邪気味　　　遅れ気味　　　下がり気味
　　疲れっぽい　⇒　　　熱っぽい　　　安っぽい　　　子供っぽい
　　疲れがち　　⇒　　　忘れがち　　　遅れがち　　　病気がち
C．立ちっ放し　⇒　　　置きっ放し　　読みっ放し　　やりっ放し
　　立ったまま　⇒　　　寝たまま　　　着たまま　　　行ったまま

【第5課】

I.

A．①設問なし　②追い詰めた
B．行き詰まり

II.

A．同人　　　⇒　　　同室　　　　同世代　　　同年齢
　　本人　　　⇒　　　本件　　　　本校　　　　本日
　　当人　　　⇒　　　当店　　　　当社　　　　当デパート
B．不十分　　⇒　　　不規則　　　不自然　　　不可能
　　無実　　　⇒　　　無意味　　　無関心　　　無差別
　　無遠慮　　⇒　　　無作法　　　無用心　　　無愛想
　　非科学的　⇒　　　非公式　　　非常識　　　非現実的
　　未完成　　⇒　　　未解決　　　未払い　　　未開発

III.

絵（を）かける　　　　鍵（を）かける　　　　夢（を）かける
会議（に）かける　　　迷惑（を）かける　　　手間（を）かける　　など

【第6課】

I.

A．①組み合わせる　②居合わせ
B．①語り合い　②設問なし　③似合う

II.

A．産婦人科　⇒　　　小児科　　　外科　　　　内科
　　学生課　　⇒　　　営業課　　　人材課　　　管理課
B．胎内　　　⇒　　　国内　　　　校内　　　　室内

	染色体中	⇒	大気中	血液中	空気中
C.	境界線	⇒	海岸線	放射線	生命線
	ボーダーライン	⇒	アンダーライン	スタートライン	センターライン

【第7課】

I.

A. ①かみ切って　②登り切った　③疲れ切った　④言い切る

B. 設問なし

II.

	不安だらけ	⇒	砂だらけ	傷だらけ	子供だらけ
	汗まみれ	⇒	泥まみれ	血まみれ	雪まみれ
B.	①町並み	⇒	山並み	足並み	家並み
	②人並み	⇒	世間並み	月並み	十人並み
C.	①仕事柄	⇒	役柄	場所柄	時節柄
	②花柄	⇒	図柄	縞柄	動物柄
D.	今風	⇒	現代風	昔風	ヨーロッパ風
	旧式	⇒	和式	最新式	欧米式
	血液型	⇒	旧型	髪型	冬型

【第8課】

I.

A. ①設問なし　②組み立て　③騒ぎ立てる

B. ①降り立った　②わき立っ　③設問なし　④飛び立った

II.

A.	①改札口	⇒	裏口	非常口	勝手口
	②働き口	⇒	就職口	勤め口	売れ口
	③早口	⇒	軽口	悪口	無口
	④手口	⇒	切り口	語り口	やり口
	⑤肩口	⇒	糸口	秋口	
	⑥甘口	⇒	辛口	濃口	薄口
B.	①右手	⇒	両手	片手	きき手
	②行く手	⇒	上手	裏手	山手
	③働き手	⇒	買い手	送り手	聞き手
	④決め手	⇒	禁じ手	攻め手	先手
	⑤人手	⇒	男手	厚手	深手
C.	①半世紀	⇒	半時間	半ズボン	半額
	②半製品	⇒	半病人	半殺し	半泣き

【第9課】

I.

A. ①張りつけ　②照りつける　③飲みつけ

II.

A. 円柱形　　⇒　　球形　　　　三角形　　　　台形

　　卵形　　　⇒　　扇形　　　　波形　　　　　ひし形

B. ①床面　　⇒　　裏面　　　　水面　　　　　湖面

　　②実用面　⇒　　環境面　　　経営面　　　　経済面

C. 重さ　　　⇒　　寒さ　　　　長さ　　　　　広さ

　　重み　　　⇒　　深み　　　　苦み　　　　　厚み

【第 10 課】

I.

A. 決めかね

B. 起こりかねない

II.

A. ①県下　　⇒　　水面下　　　眼下　　　　　氷点下

　　②影響下　⇒　　状況下　　　支配下　　　　炎天下

B. 悲壮感　　⇒　　満足感　　　義務感　　　　責任感

　　人生観　　⇒　　価値観　　　先入観　　　　世界観

C. ①中央部　⇒　　先端部　　　下腹部　　　　導入部

　　②工学部　⇒　　経済学部　　文学部　　　　教育学部

III.

めちゃめちゃに壊す　　ピリピリ(と)する　　てくてく歩く

もやもや(と)する　　　うっそうと茂る　　　さっさと片づける

脈々と流れる　　　　　クシャクシャにする　がっくりと肩を落とす

ぼう然と立ちつくす　　延々と続く

【第 11 課】

I.

A. ①閉じ込め　②設問なし

B. ①飲み込む　②解け込んでいる　③話し込ん

II.

A. 物静か　　⇒　　物悲しい　　物珍しい　　　物寂しい

　　物知り　　⇒　　物入り　　　物覚え　　　　物思い

B. ①レンズ越し　⇒　壁越し　　　頭越し　　　　眼鏡越し

　　②二年越し　⇒　　年越し　　　宵越し　　　　持ち越し

C. 真正面　　⇒　　真新しい　　真心　　　　　真後ろ

　　真っ青　　⇒　　真っ暗　　　真っ先　　　　真っ昼間

III.

〜つける

　　日記(を)つける　　色(を)つける　　　話(を)つける

　　火(を)つける　　　目(を)つける　　　身(に)つける

〜づける

　　関係づける　　　　　　元気づける　　　　　印象づける

【第12課】

I.

　A.　①言い返す　②引き返す　③読み返し　④繰り返し　⑤設問なし

　B.　①生き返ら　②振り返る　③あきれ返っ

II.

A.	かけ離れる	⇒	かけ替える	かけ合う	かけ持つ
B.	繰り広げる	⇒	繰り返す	繰り上げる	繰り越す
C.	立ち返る	⇒	立ち上がる	立ちつくす	立ち寄る
D.	打ち上げる	⇒	打ち出す	打ち合わせる	打ちのめす
E.	切り替える	⇒	切り捨てる	切り取る	切り離す
F.	組み合わせる	⇒	組み換える	組み込む	組み立てる

III.

汚染　　　不安　　　事故　　　縁
要素　　　影響　　　言葉　　　生活
代物　　　結果　　　問題　　　差別
（消すに）忍びない落書き　　生命

【第13課】

I.

　A.　①設問なし　②追いかけ回

　B.　探し回っ

II.

A.	追いかける	⇒	追い詰める	追いつく	追い越す
B.	突き合わせる	⇒	突き動かす	突き当たる	突きつける
	突っ走る	⇒	突っ切る	突っ返す	突っ込む
C.	引きこもる	⇒	引き起こす	引き出す	引き分ける
	引っ張る	⇒	引っかく	引っ込める	引っ越す
D.	受け止める	⇒	受け取る	受け入れる	受け流す
E.	差し上げる	⇒	差し止める	差し押さえる	差し出す
F.	取り調べる	⇒	取り上げる	取り返す	取り組む

III.

あらゆる生物　　　ほんの数日　　　聖なる地　　　ありとあらゆる物
大の大人　　　　　一連の事件

【第14課】

I.

　A.　①吹き抜け　②言い抜ける　③設問なし

　B.　①選び抜か　②追い抜こ　③やり抜いた　④磨き抜か　⑤設問なし

II.

A. ①地方色　⇒　郷土色　　　反対色　　　時代色
　 ②天然色　⇒　安全色　　　保護色　　　人工色
B. ①養殖物　⇒　天然物　　　ハウス物　　輸入物
　 ②まがい物　⇒　忘れ物　　　持ち物　　　乗り物
　 ③廃棄物　⇒　建築物　　　創造物　　　天然記念物
C. ①手ごろ　⇒　食べごろ　　見ごろ　　　年ごろ
　 ②今ごろ　⇒　昼ごろ　　　近ごろ　　　中ごろ

【第15課】

I.

A. ①行き着く　②住み着いて
B. ①設問なし　②払い下げる　③引き下げ
C. ①設問なし　②設問なし　③設問なし

II.

A. 行きづらい　⇒　話しづらい　　食べづらい　　歩きづらい
　 理解し難い　⇒　言い難い　　　去り難い　　　離れ難い
　 覚えにくい　⇒　書きにくい　　見にくい　　　読みにくい
B. ①一言　⇒　一息　　　一汗　　　一安心
　 ②一枚　⇒　一分　　　一回　　　一台
　 ③一市民　⇒　一学生　　一教師　　一サラリーマン